钱锺书集

錢鍾書集

七綴集

生活·讀書·新知 三聯書店

圖書在版編目（CIP）數據

錢鍾書集：七綴集／錢鍾書著 . —2 版 . —北京：生活·讀書·
新知三聯書店，2007.10 （2022.8 重印）
ISBN 978 – 7 – 108 – 02750 – 4

Ⅰ. 錢⋯ Ⅱ. 錢⋯ Ⅲ. ①錢鍾書（1910～1998）– 文集
②社會科學 – 文集 Ⅳ. C52

中國版本圖書館 CIP 數據核字（2007）第 086086 號

書名題簽 錢鍾書 楊 絳

責任編輯 馮金紅
裝幀設計 陸智昌
責任印制 董 歡
出版發行 生活·讀書·新知 三聯書店
（北京市東城區美術館東街 22 號）
郵 編 100010

出 版 説 明

　　錢鍾書先生（一九一〇一一九九八年）是當代中國著名的學者、作家。他的著述，如廣爲傳播的《談藝録》、《管錐編》、《圍城》等，均已成爲二十世紀重要的學術和文學經典。爲了比較全面地呈現錢鍾書先生的學術思想和文學成就，經作者授權，三聯書店組織力量編輯了這套《錢鍾書集》。

　　《錢鍾書集》包括下列十種著述：

　　《談藝録》、《管錐編》、《宋詩選註》、《七綴集》、《圍城》、《人·獸·鬼》、《寫在人生邊上》、《人生邊上的邊上》、《石語》、《槐聚詩存》。

　　這些著述中，凡已正式出版的，我們均據作者的自存本做了校訂。其中，《談藝録》、《管錐編》出版後，作者曾做過多次補訂；這些補訂在兩書再版時均綴於書後。此次結集，我們根據作者的意願，將各次補訂或據作者指示或依文意排入相關章節。另外，我們還訂正了少量排印錯訛。

　　《錢鍾書集》由錢鍾書先生和楊絳先生提供文稿和樣書；陸谷孫、羅新璋、董衡巽、薛鴻時和張佩芬諸先生任外文校訂；陸文虎先生和馬蓉女士分別擔任了《談藝録》和《管錐編》的編輯工作。對以上人士和所有關心、幫助過《錢鍾書集》出版的人，我們都表示誠摯的感謝。

生活・讀書・新知 三聯書店

一九九九年十二月一日

此次再版，訂正了初版中少量的文字和標點訛誤；並對《談藝録》、《管錐編》的補訂插入位置稍做調整。

生活・讀書・新知 三聯書店

二〇〇七年八月二十日

錢鍾書對《錢鍾書集》的態度

（代　序）

楊　絳

　　我謹以眷屬的身份，向讀者說說錢鍾書對《錢鍾書集》的態度。因爲他在病中，不能自己寫序。

　　他不願意出《全集》，認爲自己的作品不值得全部收集。他也不願意出《選集》，壓根兒不願意出《集》，因爲他的作品各式各樣，糅合不到一起。作品一一出版就行了，何必再多事出什麼《集》。

　　但從事出版的同志們從讀者需求出發，提出了不同意見，大致可歸納爲三點。（一）錢鍾書的作品，由他點滴授權，在臺灣已出了《作品集》。咱們大陸上倒不讓出？（二）《談藝錄》、《管錐編》出版後，他曾再三修改，大量增删。出版者爲了印刷的方便，《談藝錄》再版時把《補遺》和《補訂》附在卷末，《管錐編》的《增訂》是另册出版的。讀者閱讀不便。出《集》重排，可把《補遺》、《補訂》和《增訂》的段落，一一納入原文，讀者就可以一口氣讀個完整。（三）儘管自己不出《集》，難保旁人不侵權擅自出《集》。

錢鍾書覺得說來也有道理，終於同意出《錢鍾書集》。隨後他因病住醫院，出《錢鍾書集》的事就由三聯書店和諸位友好協力擔任。我是代他和書店並各友好聯絡的人。

錢鍾書絕對不敢以大師自居。他從不廁身大師之列。他不開宗立派，不傳授弟子。他絕不號召對他作品進行研究，也不喜旁人爲他號召，嚴肅認真的研究是不用號召的。《錢鍾書集》不是他的一家言。《談藝錄》和《管錐編》是他的讀書心得，供會心的讀者閱讀欣賞。他偶爾聽到入耳的稱許，會驚喜又驚奇。《七綴集》文字比較明白易曉，也同樣不是普及性讀物。他酷愛詩。我國的舊體詩之外，西洋德、意、英、法原文詩他熟讀的真不少，詩的意境是他深有領會的。所以他評價自己的《詩存》祇是恰如其分。他對自己的長篇小說《圍城》和短篇小說以及散文等創作，都不大滿意。儘管電視劇《圍城》給原作贏得廣泛的讀者，他對這部小說確實不大滿意。他的早年作品喚不起他多大興趣。"小時候幹的營生"會使他"駭且笑"，不過也並不認爲見不得人。誰都有個成長的過程，而且，清一色的性格不多見。錢鍾書常說自己是"一束矛盾"。本《集》的作品不是洽調一致的，祇不過同出錢鍾書筆下而已。

錢鍾書六十年前曾對我說：他志氣不大，但願竭畢生精力，做做學問。六十年來，他就寫了幾本書。本《集》收集了他的主要作品。憑他自己說的"志氣不大"，《錢鍾書集》祇能是菲薄的奉獻。我希望他畢生的虛心和努力，能得到尊重。

一九九七年十一月二十一日

作者和女兒錢瑗在北京大學中關園

目　次

修訂本前言 ……………………………………………………………………………… *1*

序 ………………………………………………………………………………………… *1*

中國詩與中國畫 ……………………………………………………………………… *1*

讀《拉奧孔》 ………………………………………………………………………… *35*

通感 …………………………………………………………………………………… *66*

林紓的翻譯 …………………………………………………………………………… *82*

詩可以怨 ……………………………………………………………………………… *126*

漢譯第一首英語詩《人生頌》及有關二三事 ……………………………… *145*

一節歷史掌故、一個宗教寓言、一篇小說 ………………………………… *178*

附　錄

　《也是集》原序 ………………………………………………………………… *199*

　《舊文四篇》原序 ……………………………………………………………… *200*

修訂本前言

　　此書出版以來，我作了些修訂。我感謝魏同賢同志，給它機會面世。辛廣偉同志辛勤幫助這本書的出版，我向他致謝。附帶一提，《集》中三篇文章已被法國學者郁白先生（Nicolas Chapuis）選入我的《詩學五論》（*Cinq Essais de Poétique*）（1987，Christian Bourgois Éditeur），作了精審的移譯，我在譯本《後序》裏，也表達了"內銷"轉爲"出口"的驚喜了。

錢鍾書

一九九三年四月

序

　　這一本文集是全部《舊文四篇》和半部《也是集》的合併。前書由上海古籍出版社於一九七九年九月出版，後書由香港廣角鏡出版社於一九八四年三月出版，兩書原有的短序保存爲本集的附錄。

　　《舊文四篇》於五年前問世，早已很難買到。《也是集》雖然在香港新出版，但不便在內地銷售。我國讀者似乎有個習慣，買不到書，就向常常無能爲力的作者本人寫信訴苦。有一位讀者——也許該説，一位無書而欲讀者——來信，要求我把《也是集》和《舊文四篇》會聚一起，在京滬出版，以便流傳。我遵照他善意的建議，也藉機會把前四篇大大改動一下，又在後三篇裏作了些小修訂；删去《也是集》的下半部，因爲那祇是從《談藝錄》新本裏摘選的，而北京中華書局明年初就出版《談藝錄》全書了。

　　這本書是拼拆綴補而成，内容有新舊七篇文章。我想起古代"五綴衣"、"七綴鉢"等名目，題爲《七綴集》。

　　當年《舊文四篇》的編成出版，多虧了魏同賢同志的熱心和大力。這一次，依然是他的熱心和大力，使下面幾篇半中不西、半洋不古的研究文章，仍由以整理中國古典著作聞名的上海古籍出版社印行，彷彿"半吊子"、"二毛子"之類還可以作爲"古君子"的團結對象。我向他致深切的感謝。

錢　鍾　書

一九八四年十一月　北京

中國詩與中國畫

一

　　這不是一篇文藝批評，而是文藝批評史上一個問題的澄清。它並不對中國舊詩和舊畫試作任何估價，而祇闡明中國傳統批評對於詩和畫的比較估價。

　　當然，文藝批評史很可能成爲一門自給自足的學問，學者們要集中心力，保衛專題研究的純粹性，把批評史上涉及的文藝作品，也作爲干擾物而排除，不去理會，也不能鑒別。不過，批評史的研究，歸根到底，還是爲了批評。我們要瞭解和評判一個作者，也該知道他那時代對於他那一類作品的意見，這些意見就是後世文藝批評史的材料，也是當時一種文藝風氣的表示。一個藝術家總在某些社會條件下創作，也總在某種文藝風氣裏創作。這個風氣影響到他對題材、體裁、風格的去取，給予他以機會，同時也限制了他的範圍。就是抗拒或背棄這個風氣的人也受到它負面的支配，因爲他不得不另出手眼來逃避或矯正他所厭惡的風氣。正像列許登堡所説，模仿有正有負，"反其道以行也是一種模仿"（Grade das Gegenteil tun ist auch eine Nachahmung）；聖佩韋也説，儘管一個人要推開自己所處的時代，但仍要和它接觸，而且接觸得很着實（On touche encore à son temps, et très fort, même quand on le repousse）①。所以，風氣是創作裏的潛勢力，是作品的背景，而從作品本身不一定看得清楚。我們閲讀當時人所信奉的理論，看他們對具體作品的褒貶好惡，樹立什麼標準，提出什麼要求，就容易瞭解作者周遭的風氣究竟是怎麼一回事，好比從飛沙、麥浪、波紋裏看出了風的姿態。

一時期的風氣經過長時期而能持續，沒有根本的變動，那就是傳統。傳統有惰性，不肯變，而事物的演化又迫使它以變應變，於是産生了一個相反相成的現象。傳統不肯變，因此惰性形成習慣，習慣升爲規律，把常然作爲當然和必然。傳統不得不變，因此規律、習慣不斷地相機破例，實際上作出種種妥協，來遷就演變的事物。批評史上這類權宜應變的現象，有人曾嘲笑爲"文藝裏的兩面派假正經"（ipocrisia letteraria）②，表示傳統並不呆板，而具有相當靈活的機會主義。它一方面把規律定得嚴，抑遏新風氣的發生；而另一方面把規律解釋得寬，可以收容新風氣，免於因對抗而地位搖動。它也頗有外交老手的"富於彈性的堅定"（elastic or flexible rigidity）那種味道。傳統愈悠久，妥協愈多，愈不肯變，變的需要愈迫切；於是不再能委屈求全，舊傳統和新風氣破裂而被它破壞。新風氣的代興也常有一個相反相成的表現。它一方面强調自己是嶄新的束西，和不相容的原有傳統立異；而另一方面更要表示自己大有來頭，非同小可，向古代也找一個傳統作爲淵源所自。例如西方十七、八世紀批評家要把新興的長篇散文小說遥承古希臘、羅馬的史詩③；聖佩韋認爲當時法國的浪漫詩派蜕變於法國十六世紀的詩歌。中國也常有相類的努力。明、清批評家把《水滸》、《儒林外史》等白話小說和《史記》掛鈎；我們自己學生時代就看到提倡"中國文學改良"的學者煞費心機寫了上溯古代的《中國白話文學史》，又看到白話散文家在講《新文學源流》時，遠追明代"公安"、"竟陵"兩派。這種事後追認先驅（préfiguration rétroactive）的事例④，彷彿野孩子認父母，暴發户造家譜，或封建皇朝的大官僚誥贈三代祖宗，在文學史上數見不鮮。它會影響創作，使新作品從自發的天真轉而爲自覺的有教養、有師法；它也改造傳統，使舊作品産生新意義，沾上新氣息，增添新價值。

　　一個傳統破壞了，新風氣成爲新傳統。新傳統裏的批評家對於舊傳統裏的作品能有比較全面的認識，作比較客觀的估計；因爲他具有局外人的冷靜和超脱，所謂"當局稱迷，傍觀見審"（元行冲《釋疑》），而舊傳統裏的批評家就像"不識廬山真面目，只緣身在此山中"（蘇軾《題西林壁》）。除舊佈新也促進了人類的集體健忘，一種健康的健忘，千頭萬緒簡化爲二三大事，留存在記憶裏，節省了不少心力。舊傳統裏若干複雜問題，新的批評家也許並非不屑注意，而是根本沒想到它們一度存在過。他的眼界空曠，沒有枝節零亂的障礙物來擾亂視綫；比起他這樣高瞻遠矚，舊的批評家未免見樹不見林了。不過，無獨必有偶，另一個偏差是見林而不見樹。局外人也就是門外漢，他的意見，彷彿"清官判斷家務事"，有條有理，而對於委曲私情，終不能體貼入微。一個社會、一個時代各有語言天地，各行各業以至一家一戶也都有它的語言田地，所謂"此中人語"。譬如鄉親叙舊、老友談往、兩口子講體己、同業公議、專家討論等等，圈外人或外行人聽來，往往不甚了了。緣故是：在這種談話裏，不僅有術語、私房話以至"黑話"，而且由於同夥們相知深切，還隱伏着許多中世紀經院哲學所謂彼此不言而喻的"假定"(suppositio)⑤，旁人難於意會。釋袾宏《竹窗隨筆》論禪宗問答："譬之二同邑人，千里久別，忽然邂逅，相對作鄉語隱語，旁人聽之，無義無味。"這其實是生活中的平常情況，祇是"聽之無義無味"的程度隨人隨事不同。批評家對舊傳統或風氣不很認識，就可能"說外行話"，曲解附會。舉一個文評史上的慣例罷。

我們常聽説中國古代文評裏有對立的兩派，一派要"載道"，一派要"言志"。事實上，在中國舊傳統裏，"文以載道"和"詩以言志"主要是規定各別文體的職能，並非概括"文學"的界説。"文"常指散文或"古文"而言，以區別於"詩"、"詞"。這兩句話看來針鋒相對，實則水米無干，好比説"他去北京"、"她回上海"，或者羽翼相輔，好比説"早點是稀飯"、"午餐是麵"。因此，同一個作家可以"文載道"，以"詩言志"，以"詩餘"的詞來"言"詩裏説不出口的"志"。這些文體就像梯級或臺階，是平行而不平等的，"文"的等次最高。西方文藝理論常識輸入以後，我們很容易把"文"一律理解爲廣義的"文學"，把"詩"認爲文學創作精華的同義詞。於是那兩句老話彷彿"頓頓都喝稀飯"和"一日三餐全吃麵"，或"兩口兒都上北京"和"雙雙同去上海"，變成相互排除的命題了。傳統文評裏有它的矛盾，但是這兩句不能算是矛盾的口號。對傳統不夠理解，就發生了這個矛盾的錯覺。當然，相反地，也會發生統一的錯覺，譬如我們常聽說中國詩和中國畫是融合一致的。

二

詩和畫號稱姊妹藝術。有人進一步認爲它們不但是姊妹，而且是孿生姊妹。唐人祇說："書畫異名而同體。"（張彥遠《歷代名畫記》卷一《叙畫之源流》）自宋以後，大家都把詩和畫說成彷彿是異體而同貌。郭熙《林泉高致》第二篇《畫意》："更如前人言：'詩是無形畫，畫是有形詩。'哲人多談此言，吾人所師。"馮應榴《蘇詩合註》卷五〇《韓幹馬》："少陵翰墨無形畫，韓幹丹青不語詩。"孔武仲《宗伯集》卷一《東坡居士畫怪石賦》："文者無形之畫，畫者有形之文，二者異跡而同趣。"張舜民《畫墁集》卷一《跋百之詩畫》："詩是無形畫，畫是有形詩。"釋德洪覺範《石門文字禪》卷八：《宋迪作八景絶妙，人謂之"無聲句"。演上人戲余曰："道人能作'有聲畫'乎？"因爲之各賦一首》。岳珂《寶真齋法書讚》卷一三《薛道祖白石潭詩帖》："'畫'以'有聲'著，'詩'以'無聲'名。'有聲'者，道祖之所已知；'無聲'者，道祖之所欲爲而未能者也。"《宋詩紀事》卷五九錢鍪《次袁尚書巫山詩》"終朝誦公有聲畫，卻來看此無聲詩"；《全宋詞》三四五三頁陳德武《望海潮》"對無聲詩，哦有聲畫，儀形已見端倪"：這兩處的"有聲畫"指詩，而"無聲詩"指景物，由畫引申，指入畫的真山真水。兩者祇舉一端，像黃庭堅《次韻子瞻、子由題憩寂圖》"李侯有句不肯吐，淡墨寫作無聲詩"、米友仁《自題山水》"古人作語詠不得，我寓無聲縑楮間"、周孚《題所畫梅竹》"東坡戲作有聲畫，嘆息何人爲賞音"，例子更多。舒岳祥《閬風集》卷六《和正仲送達善歸錢塘》"好詩甚似無聲畫，昏眼羞同没字碑"，求對仗的平仄匀稱，換"有"字爲"無"字，出了毛病。"碑"照例有"字"，"没字碑"是自身矛盾語，恰好用作比喻，去嘲笑目不識丁；"畫"壓根兒"無聲"，說"好詩似畫"，詞意具足，所添"無聲"兩字就不免修辭學所謂"贅餘的形容"（redundant epithet）了⑥。南宋孫紹遠搜羅唐以來的題畫詩，編爲《聲畫集》；宋末名畫家楊公遠自編詩集《野趣有聲畫》，詩人吳龍翰作序，說："畫難畫之景，以詩湊成；吟難吟之詩，以畫補足。"（曹庭棟《宋百家詩存》卷一九）從那兩部書名，可以推想這個概念的流行。

"無聲詩"即"有形詩"和"有聲畫"即"無形畫"的對比，和西洋傳統的詩畫對比，用意差不多。古希臘詩人（Simonides of Ceos）早說："畫爲不語詩，詩是能言畫。"⑦嫁名於西塞羅的一部修辭學裏，論"互換句法"（commutatio）的第四例就是："正如詩是說話的畫，畫該是靜默的詩"（Item poema loquens pictura，pictura tacitum poema debet esse）⑧。達文齊乾脆說畫是"嘴巴啞的詩”（una poesia muta），而詩是“眼睛瞎的畫”（una pittura cieca）⑨。萊辛在他反對“詩畫一律”的名著裏，引了“那個希臘伏爾太的使人眼花繚亂的對照”（die blendende Antithese des griechischen Voltaire），也正是那句希臘古詩，順手又把他所敵視的伏爾太掃上一筆⑩。“不語詩”、“能言畫”和中國的“無聲詩”、“有聲畫”是同一回事，因爲“聲”在這裏不指音響，而指說話，就像舊小說、舊戲曲裏“不則（作）聲”、“禁（噤）聲”的那個“聲”字。古羅馬詩人霍拉斯的名句：“詩亦猶畫”（ut pictura poesis erit），經後人斷章取義，理解作“詩原通畫”⑪，彷彿蘇軾《書鄢陵王主簿折枝》所謂：“詩畫本一律。”詩、畫作爲孿生姊妹是西方古代文藝理論的一塊奠基石，也就是萊辛所要掃除的一塊絆脚石，因爲由他看來，詩、畫各有各的面貌衣飾，是“絕不爭風吃醋的姊妹”（keine eifersüchtige Schwester）⑫。

詩和畫既然同是藝術，應該有共同性；它們並非同一門藝術，又應該各具特殊性。它們的性能和領域的異同，是美學上重要理論問題。我想探討的，祇是歷史上具體的文藝鑒賞和評判。我們常聽人有聲有勢地說：中國舊詩和中國舊畫有同樣的風格，體現同樣的藝術境界。那句話究竟是什麼意思？這個意思能不能在文藝批評史裏證實？

三

那句在國畫展覽會上、國畫史等著作裏說慣、聽慣、看慣的話，和"詩原通畫"、"詩畫一律"，意義大不相同。"詩原通畫"、"詩畫一律"是樹立一條原理，而那句話祇是敘述一個事實。前者認爲：詩和畫的根本性質是一致的；後者認爲：在中國傳統裏，最標準的詩風和最標準的畫風是一致的。假使前者成立，也許可以解釋後者這個事實；假使後者成立，卻還不够證明前者那條原理。對於前者，要求它言之成理，免於牽强理論；對於後者，要求它言之有物，免於歪曲歷史。說破了，那句套話的意思就是：中國舊詩和中國舊畫同屬於所謂"南宗"，正好比西洋文藝史家說，莎士比亞的戲劇和魯本斯（Rubens）、雷姆勃朗德（Rembrandt）的繪畫同屬於"奇崛派"（Barock）⑬。

中國畫史上最有代表性、最主要的流派是"南宗"。董其昌《容臺別集》卷四有一節講得極清楚："禪家有南北二宗，唐時始分。畫之南北二宗，亦唐時分也，但其人非南北耳。北宗則李思訓父子着色山水，流傳而爲宋之趙幹、趙伯駒、伯驌以至馬、夏輩。南宗則王摩詰始用渲淡，一變鈎斫之法，其傳爲張璪、荆、關、董巨、郭忠恕、米家父子以至元之四大家；亦如六祖之後，有馬駒、雲門、臨濟兒孫之盛，而北宗微矣。要之摩詰所謂'雲峰石跡，迥出天機，筆意縱橫，參乎造化'者。東坡讚吳道子、王維畫壁亦云：'吾於維也無間然。'知言哉！"（參看同卷《文人畫自王維始》一條，叙述更詳）董氏同鄉書畫家莫是龍《畫說》一五條裏有一條，字句全同；董氏同鄉好友陳繼儒《偃曝餘談》卷下有論旨相類的一條，坦白地把李思訓、王維分別比爲"禪家"北宗的神秀和南宗的惠能。南、北畫家的區別，也可用陳氏推尊的王世貞的話來概括，《弇州四部稿》卷一五四《藝苑巵言・附録》卷三："吴、李以前畫家，實而近俗；荆、關以後畫家，雅而太虛。今雅道尚存，實德則病。"這是明人鑒賞的常談，清人承襲了，例如厲鶚說："嘗以詞譬之畫，畫家以南宗勝北宗。稼軒、後村諸人，詞之北宗；清真、白石諸人，詞之南宗也。"（《樊榭山房文集》卷四《張今涪紅螺詞序》）清人論書法，把南、北宗的概念來判別流派，而且應用到董其昌本人身上："太僕〔歸有光〕文章宗伯〔董〕字，正如得髓自南宗"（姚鼐《惜抱軒詩集》卷八《論書絶句》三）；"嘗與錢梅溪〔泳〕論書，畫派分南、北宗，書家亦分南、北。如顏、柳一派，類推至於吾家文敏〔張照〕，是爲北宗；褚、虞一派，類推至於香光，是爲南宗"（張祥河《關隴輿中偶憶編》）。近年來有人反對董其昌的分類，夏敬觀先生《忍古樓畫說》就批評說："余考宋、元以前論畫書，未見有'南、北宗'之説。夫南、北畫派誠有別，然必剿襲禪宗之名以名之，而'南'、'北'字均無所取義，蓋非通人所爲。李思訓父子爲唐宗室，王維太原祁人，均北人也。祇張璪唐人，餘皆宋人，安見唐時已分南北乎？"

畫派分南北和畫家是南人、北人的疑問，不難回答。某一地域的專稱引申而爲某一屬性的通稱，是語言裏的慣常現象。譬如漢、魏的"齊氣"、六朝的"楚子"、宋的"胡言"、明的"蘇意"；"齊氣"、"楚子"不限於"齊"人、"楚"人，蘇州以外的人也常有"蘇意"，漢族並非不許或不會"胡説"、"胡鬧"。楊萬里説"詩'江西'也，非人皆江西也"（《誠齋集》卷七九《江西宗派詩序》）；家鉉翁説"奮乎齊魯汴洛之間者，固中州人物也。亦有生於四方，奮於遐外，而道學文章爲世所宗工，德業被於海內，雖謂之中州人物可也"（《元文類》卷三八家鉉翁《題中州詩集後》；四庫輯本《則堂集》漏收）：更是文學流派名稱的好例子。拘泥着地圖、郡縣志，太死心眼兒了。畫派在"唐時"雖然未"分南北"，但唐人詩文評早藉用了"南北宗"的概念。遍照金剛《文鏡秘府論》南卷《論文意》："荀、孟傳於司馬遷，司馬遷傳於賈誼。乃知司馬遷爲北宗，賈生爲南宗，從此分焉。"這位日本和尚居然講司馬遷而連《史記》都没看，不知道有《屈原賈生列傳》，但他也顯然道聽途説，揀得了唐人的一些談屑。僞託賈島撰的《二南密旨》，據《四庫全書總目》卷一九七的提要："以《召南》'林有樸樕，野有死鹿'句，及鮑照'申黜褒女進，班去趙姬升'句，錢起'竹憐新雨後，山愛夕陽時'句，爲南宗。以《衛風》'我心匪石，不可轉也'句，左思'吾愛段幹木，偃息藩魏君'句，盧綸詩'誰知樵子徑，得到葛洪家'句，爲北宗。"論畫"剿襲禪宗之名"，或許"無所取義"，也還可以説有所藉鑒。不過，真是"無所取義"麼？

　　把"南"、"北"兩個地域和兩種思想方法或學風聯繫，早已見於六朝，唐代禪宗區別南、北，恰恰符合或沿承了六朝古説[14]。事實上，《禮記·中庸》説"南方之強"省事寧人，"不報無道"，不同於"北方之強"好勇鬬狠，"死而不厭"，也就是把退斂和肆縱分別爲"南"和"北"的特徵。《世説·文學》第四記褚季野云："北人學問，淵綜廣博。"孫安國答："南人學問，清通簡要。"支道林曰："聖賢固所忘言。自中人以還，北人看書如顯處視月，南人看書如牖中窺日。"歷來引用的人祇知道"牖中窺日"彷彿"管中窺豹"，誤解支道林爲褒北貶南；而劉峻在這一節的註釋裏又褒南貶北，說什麽北人"學廣則難周，難周則識暗"，南人"學寡則易核，易核則知明"。支道林是仲裁者講公道話。孫、褚分舉南、北"學問"各有長處，支承認這些長處，而指出它們也各有流弊，長處就此成爲缺點（lé defaut de la qualité）。我國有關"性格類型"（personality types）的最早專著、三國時劉劭《人物志·八觀》裏第七觀是："觀其所短，以知其所長。"支道林可以説是"觀其所長，以知其所短"。"中人以還"的"中"不是《論語·雍也》"中人以下，中人以上"的"中"，而是《中庸》"中庸其至矣乎"的"中"，不指平常湊貨、不出衆，而指恰如其分、無偏差，就是《人物志·體性》所説："中庸之德……抗者過之而拘者不逮，抗拘違中。""中人"以下追求廣博，則流爲淺泛；追求精簡，則流爲寡陋。浮光掠影和一孔片面都是毛病，儘管病情不同，但都是《人物志·材能》所稱"偏材之人"。《隋書·儒林傳》叙述經學，説"大抵南人約簡，得其英華；北學深蕪，窮其枝葉"，這就像劉峻的註解，也簡直是唐後對南、北禪宗的慣評了。看來，南、北"學問"的分歧，和宋、明儒家有關"博觀"與"約取"、"多聞"與"一貫"、"道問學"與"尊德性"的爭論，屬於同一典型。巴斯楷爾區分兩類有才智的人（deux sortes d'esprit）：一類"堅强而狹隘"，一類"廣闊而軟弱"（l'esprit pouvant être fort et étroit, et pouvant être ample et faible)⑮。康德曾分析"理性"裏有兩種基本傾向：一種按照萬殊的原則，喜歡繁多（das Interesse der Mannig-faltigkeit，nach dem Prinzip der Spezification）；另一種按照合併的原則，喜歡單一（das Interesse der Einheit，nach dem Prinzip der Aggregation）⑯。禪宗判別南北，可以説是兩類才智或兩種理性傾向在佛教思想裏的一個表現。

南宗禪把"念經"、"功課"全鄙棄爲無事忙，要把"學問"簡至無可再簡、約至不能更約，説什麼"微妙法門，不立文字，教外別傳"，"經誦三千部，曹溪一句亡"，"廣學知解，被知解境風之所漂溺"（《五燈會元》卷一釋迦牟尼章次、卷二法達章次、卷三懷海章次）。李昌符《贈供奉僧玄觀》"自得曹溪法，諸經更不看"，張喬《宿齊山僧舍》"若言不得南宗要，長在禪牀事更多"，都是説南宗禪省"事"，不看經卷，不坐禪牀。南宗畫的原則也是"簡約"，以經濟的筆墨獲取豐富的藝術效果，以減削跡象來增加意境（less is more—Robert Browring："Andrea del Sarto"）。張彦遠講"疏體畫"用筆不同於"密體畫"，早説出這個理想："筆纔一二，像已應焉。離披點畫，時見缺落，此雖筆不周而意周也。"（《歷代名畫記》卷二《論顧陸張吳用筆》）"周"是"周密"、"周到"、"周備"的"周"。他在本節裏強調"書畫用筆同"，我們不妨挪藉另一個唐人論書法的話作爲註解："'損'謂有餘。……謂趣長筆短，常使意勢有餘，點畫若不足。"（《全唐文》卷三三七顔真卿《張長史十二意筆法記》）"損"就是"見缺落"，"若不足"就是"不周"。當代卓著的美術史家論"印象派"（Impressionism）含蓄不露（suggestion）的手法，説：觀畫者不是無所用心，而是"更有事可做"（the artist gives the beholder increasingly "more to do"），參與了作畫者的創造（making, creation），在心目中幻出（"conjured up" in our minds）那些未落跡象的景色（the inarticulate and unexpressed）⑰。也不外乎這個原則。休謨可能是首先拈示這種心理活動的哲學家，雖然他泛論人生經驗，並未聯繫到文藝。他認爲情感受"想像"的支配，"把對象的一部分隱藏不露，最能强烈地激發情感"（Nothing more powerfully excites any affection than to conceal some part of its object）；對象蔽虧不明（by throwing it into a kind of shade），欠缺不全，就留下餘地，"讓想像有事可做"（leaves some work for the imagination），而"想像爲了完足那個觀念所作的努力又能增添情感的强度"（the effort which the fancy makes to compleat the idea gives an additional force to the passion）⑱。把休謨的大理論和我們的小題目拍合，對象"蔽虧"正是"筆不周"，在想像裏"完足"正是"意周"，"compleat"可算是"周"字的貼切英譯。和石溪並稱"二溪"的程正揆反復申明這一點。他的《青溪遺稿》似乎三百年來無人過問，不妨多引一些。卷一五《山莊題畫》六首之三："鐵幹銀鈎老筆翻，力能從簡意能繁。臨風自許同倪瓚，入骨誰評到董源。"卷二二《題臥遊圖後》："論文字者謂增一分見不如增一分識，識愈高則文愈淡。予謂畫亦然。多一筆不如少一筆，意高則筆減。何也？意在筆先，不到處皆筆〔'不'字直貫全句，等於'非到處皆

筆']。繁皴濃染，刻劃形似，生氣灕矣。"卷二四《龔半千畫
冊》："畫有繁減，乃論筆墨，非論境界也。北宋人千丘萬壑，無
一筆不減；元人枯枝瘦石，無一筆不繁。予曾有詩云云［即'鐵
幹銀鈎'那一首］。"同卷《題石公畫卷》："予告石溪曰：'畫不
難爲繁，難於用減，減之力更大於繁。非以境減，減以筆。'所
謂'弄一車兵器，不若寸鐵殺人'者也。"卷二六《雜著》一：
"畫貴減不貴繁，乃論筆墨，非論境界也。宋人千丘萬壑，無一
筆不減；倪元鎮疏林瘦石，無一筆不繁。"翁方綱《復初齋詩集》
卷一二《程青溪〈江山臥遊圖〉》"枯木瘦石乃繁重，千巖萬壑翻
輕靈"，就地取材，正用程氏自己的話來題他的畫。吳雯《蓮洋
集》卷六《題雲林〈秋山圖〉》"豈但穠華謝桃李，空林黃葉亦無
多"，也是讚歎倪瓚的"力能從簡"。值得注意的是，程氏藉禪宗
的"話頭"來比喻畫法。"弄一車兵器，不是殺人手段。我有寸
鐵，便可殺人"，那是宋代禪師宗杲的名言，儒家的道學先生都
欣賞它的。例如朱熹《朱子語類》卷八就引用了，卷一一五教訓
門徒，又"因舉禪語云：'寸鐵可殺人；無殺人手段，則載一車
槍刀，逐件弄過，畢竟無益。'"南宗禪提倡"單刀直入"（《五燈
會元》九靈祐又卷一一守廓章次等），不屑拈槍弄棒，所謂："祇
要單刀直入，不要廣參"（《宗鏡錄》卷四一），嘲笑"博覽古今"
的"百會"爲"一尚不會"（《五燈會元》卷七洛京南院和尚章
次）。那和"南人學問"的"清通簡要"、"約簡得英華"，祇是程
度上的差異。體現在造形藝術裏，這個趨向就是繪畫的筆墨"從
簡"、"用減"、"筆不周"。"南宗畫"的定名超出了畫家的籍貫，

揭出了畫風的特色，難道完全"無所取義"麼？

那末，能不能說南宗畫的作風也就相當於中國舊詩裏正統的作風呢？

四

西洋文評家談論中國詩時，往往彷彿是在鑒賞中國畫。例如有人說，中國古詩"空靈"（intangible）、"輕淡"（light）、"含蓄"（suggestive），在西洋詩裏，最接近韋爾蘭（Verlaine）[19]。另一人說，中國古詩簡約雋永，韋爾蘭的《詩法》算得中國文學裏傳統原則的定義（taken as the definition of the principle of Chinese literary tradition）[20]。還有人說，中國古詩抒情，從不明說，全憑暗示（lyrical emotion is nowhere expressed but only suggested），不激動，不狂熱，很少詞藻、形容詞和比喻（no excitement, no ecstasy, little or no rhetoric, few adjectives and very few metaphors or similes），歌德、海涅、哈代等的小詩偶有中國詩的風味[21]。這些意見出於本世紀前期，然而到現在還似乎代表一般人的看法。透過翻譯而能那樣認識中國詩，很不容易。一方面也許證明中國詩的藝術高、活力強，它像人體有"自動免疫性"似的，也具備頑強的免譯性或抗譯性，經受得起好好歹歹的翻譯；一方面更表示這些批評家有藝術感覺和本土文學素養。一個繪畫史家也指出，歌德的《峯巔羣動息》（*Über allen Gipfeln ist Ruh*）和海涅的《孤杉孑然立》（*Ein Fichtenbaum steht einsam*）兩首小詩和中國畫的情調融合（entsprechen jener lyrischen Stimmung)㉒。把中國舊詩和韋爾蘭聯繫，最耐人尋味。韋爾蘭宣稱：最好是"灰黯的詩歌"，不着彩色，祇分深淡（Rien de plus cher que la chanson grise. Pas de couleur，rien que la nuance)㉓。那簡直就是南宗畫風了："畫欲暗，不欲明；明者如觚棱鈎角是也，暗者如雲橫霧塞是也。"（董其昌《畫眼》）

　　一句話，在那些西洋批評家眼裏，詞氣豪放的李白、思力深刻的杜甫、議論暢快的白居易、比喻絡繹的蘇軾——且不提韓愈、李商隱等人——都給"神韻"淡遠的王維、韋應物同化了。西方有句諺語："黑夜裏，各色的貓一般灰色。"（La nuit tous les chats sont gris）據動物學家的研究，貓是色盲的，在白天看一切東西都是灰色（the daylight world is gray to the cat)㉔。正像人黑夜裏看貓，貓白天看世界，西洋批評家看五光十色的中國舊詩都成爲韋爾蘭所嚮往的"灰黯的詩歌"（la chanson grise）。這種現象並不稀罕。習慣於一種文藝傳統或風氣的人看另一種傳統或風氣裏的作品，常常籠統概括，有如中國古代雋語所謂"用個帶草（懷素）看法，一覽而盡"（見董説《西遊補》）。譬如在法國文評家眼裏，德國文學作品都是浪漫主義的，它的"古典主義"也是浪漫的、非古典的（unclassical）；而在德國文評家眼裏，法國的文學作品都祇能算古典主義的，它的"浪漫主義"至多是打了對折的浪漫（only half romantic)㉕。德、法比鄰，又同屬於西歐文化大家庭，尚且如此，中國和西洋更不用説了。

　　和西洋詩相形之下，中國舊詩大體上顯得情感不奔放，説話不嘮叨，嗓門兒不提得那麼高，力氣不使得那麼狠，顔色不着得那麼濃。在中國詩裏算是"浪漫"的，和西洋詩相形之下，仍然是"古典"的；在中國詩裏算是痛快的，比起西洋詩，仍然不失爲含蓄的。我們以爲詞華够鮮艷了，看慣紛紅駭綠的他們還欣賞它的素淡；我們以爲"直恁響喉嚨"了，聽慣大聲高唱的他們祇覺得是低言軟語。同樣，從束縛在中國舊詩傳統裏的讀者看來，西洋詩裏空靈的終嫌着痕跡、費力氣，淡遠的終嫌有烟火氣、葷腥味，簡潔的終嫌不够惜墨如金。這彷彿國際貨幣有兑换率，甲國的兩毛零錢折合乙國的一塊大洋。西洋人評論不很中肯，那可以理解。他們不是個中人，祇從外面看個大概，見林而不見樹，領略大同而忽視小異。我們中國批評家不會那樣，我們知道中國舊詩不單純是"灰黯詩歌"，不能由"神韻派"來代表。但是，我們也往往不注意一個事實：神韻派在舊詩傳統裏公認的地位不同於南宗在舊畫傳統裏公認的地位，傳統文評否認神韻派是標準的詩風，而傳統畫評承認南宗是標準的畫風。在"正宗"、"正統"這一點上，中國舊"詩、畫"不是"一律"的。

五

　　恰巧南宗畫的創始人王維也是神韻詩派的宗師，而且是南宗禪最早的一個信奉者。《王右丞集》卷二五《能禪師碑》就是頌揚南宗禪始祖惠能的，裏面説"弟子曰神會，……謂余知道，以頌見託"；《神會和尚遺集・語録第一殘卷》記載"侍御史王維在臨湍驛中問和上若爲修道"的對話。在他身上，禪、詩、畫三者可以算是一脈相貫，"詩畫是孿生姊妹"那句話用得愜當了。蘇軾《東坡題跋》卷五《書摩詰〈藍田烟雨圖〉》說："味摩詰之詩，詩中有畫；觀摩詰之畫，畫中有詩。"《鳳翔八觀・王維、吳道子畫》說得更清楚："摩詰本詩老，佩芷襲芳蓀。今觀此壁畫，亦若其詩清且敦。"紀昀評點蘇詩說："'敦'字義非不通，而終有嵌押之痕。"指摘得很對。"敦"字大約是深厚之"義"，可參看張彥遠《歷代名畫記》卷一《論畫山水樹石》所謂"又若王右丞之重深"，但和"清"連用（collocation），就很牽強，湊韻的窘態畢露了。

沈括《夢溪筆談》卷一七："書畫之妙，當以神會，難可以形器求也。如彥遠畫評言：'王維畫物，多不問四時；如畫花往往以桃杏芙蓉蓮花同畫一景。'余家所藏摩詰《臥雪圖》有雪中芭蕉，此難與俗人言也。"現存《歷代名畫記》裏沒有關於王維這一節，畫花"不問四時"卻是畫裏一個傳統；《臥雪圖》也早遺失，但"雪中芭蕉"一事廣佈久傳，爲文評和畫評提供了一個論證㉖。都穆《寓意編》："王維畫伏生像，不兩膝着地用竹簡，乃箕股而坐，憑几伸卷。蓋不拘形似，亦雪中芭蕉之類也。"這幅畫後來爲孫承澤收藏。《庚子銷夏記》卷一《唐王維伏生圖》："一老生伏几而坐，手持一卷。……都元敬嘗在貴人之家見此圖，驚歎不置。"從此"雪中芭蕉"不是孤零零的事件，"難以形器求"的畫風又添了佐證，評鑒家更容易施展"挽回"（recupera-

tion）的手段，不理會"俗人"們"拘形似"的驚疑和嘲笑。神
韻詩派大師王士禎就在這一點上把王維的詩和畫貫通。《池北偶
談》卷一八："世謂王右丞畫雪裏芭蕉，其詩亦然。如'九江楓
樹幾回青，一片揚州五湖白'，下連用'蘭陵鎮'、'富春郭'、
'石頭城'諸地名，皆遼遠不相屬。大抵古人詩畫祇取興會神
到。"名詩人兼畫家金農更在這一點上把王維的畫和禪貫通。《冬
心集拾遺·雜畫題記》："王右丞雪中芭蕉爲畫苑奇構。芭蕉乃商
飈速朽之物，豈能凌冬不凋乎？右丞深於禪理，故有是畫，比喻
沙門不壞之身，四時保其堅固也。余之所作，正同此意，觀者切
莫認作真個耳。"金農對"禪理"似乎不熟。禪宗有一類形容
"不可思議"的"話頭"，"'雨下階頭濕，晴乾水不流；鳥巢滄海
底，魚躍石山頭。'前頭兩句是平實語，後頭兩句是格外談"
（《五燈會元》卷一八祖琦章次）；"格外談"頗類似西方古修辭學
所謂"不可能事物喻"（adynata, impossibilia）㉗。例如"山上有
鯉魚，海底有蓬塵"，"臘月蓮花"，"晝入祇陀之苑，皓月當天。
夜登靈鷲之峯，太陽溢目。烏鴉似雪，孤雁成羣"（《五燈會元》
卷二道欽、卷三道膺、卷一四道楷章次）㉘。鳩摩羅什譯《維摩
詰所説經·佛道品第八》"火中生蓮華，是可謂希有"，或曇無讖
譯《大般涅槃經·如來性品第四之二》"水中生於蓮華，非爲希
有，火中生者，是乃希有"，正是這一類比喻，很早被道士一眼
瞧中，偷入《老子化胡經·玄歌章第一○》"我昔化胡時"那一
首裏："火中生蓮華，爾乃是至真。"（《鳴沙石室佚書續編》）假
如雪裏芭蕉含蘊什麼"禪理"，那無非像海底塵、臘月或火中蓮

等等，暗示"希有"或"不可思議"。明季畫家李流芳似乎領悟這個意思，《檀園集》卷一《和朱修能雪蕉詩》"雪中蕉正綠，火裏蓮亦長"，就是把兩種"不可能事物"結成配偶，使它們相得益彰了。

試舉一首傳誦的王維小詩，說明他的手法。《雜詩》第二首："君自故鄉來，應知故鄉事。來日綺窗前，寒梅著花未?"趙殿成《王右丞集箋註》："按陶淵明詩云：'爾從山中來，早晚發天目。我居南窗下，今生幾叢菊?'與右丞此章同一機杼，然下文綴語稍多，趣意便覺不遠。右丞祇爲短句，有悠揚不盡之致。"批評不錯，祇是考訂欠些。那首"陶淵明詩"是後人僞託的，上半首正以王維此篇爲藍本；下半首是："薔薇葉已抽，秋蘭氣當馥。歸去來山中，山中酒應熟"，結句又脫胎於李白《紫極宮感秋》："陶令歸去來，田家酒應熟。"[24]王維這二十個字的最好對照是初唐王績《在京思故園見鄉人問》："旅泊多年歲，老去不知回。忽逢門前客，道發故鄉來。斂眉俱握手，破涕共銜杯。殷勤訪朋舊，屈曲問童孩。衰宗多弟侄，若個賞池臺? 舊園今在否? 新樹也應栽。柳行疏密佈? 茅齋寬窄裁? 經移何處竹? 別種幾株梅? 渠當無絕水，石計總成苔。院果誰先熟，林花那後開? 羈心祇欲問，爲報不須猜。行當驅下澤，去剪故園萊。"這首詩很好，和王維的《雜詩》在一起，鮮明地襯托出同一題材的不同處理。王績相當於畫裏的工筆，而王維相當於畫裏的"大寫"。王績問得周詳地道，可以說是"每事問"(《論語・八佾》)；王維要言不煩，大有"'傷人乎?'不問馬"的派頭(《論語・鄉黨》)。王維彷彿把王績的調查表上問題痛加剪削，删多成一，像程正揆論畫所説"用減"而不"爲繁"。張彦遠説："筆纔一二，像已應焉。離披點畫，時見缺落。"程正揆説："意高則筆減，繁皺濃染，刻劃形似，生氣灕矣。"這種議論可以和王士禎的詩評對照。《香祖筆記》卷六："余嘗觀荆浩論山水而悟詩家三昧，曰：'遠人無目，遠水無波，遠山無皴。'"⑳同書卷十："'《新唐書》如今日許道寧輩論山水，是真畫也。《史記》如郭忠恕畫天外數峯，畧具筆墨，然而使人心服者，在筆墨之外也。'右王楙《野客叢書》中語，得詩文三昧；司空表聖所謂'不着一字，盡得風流'者也。"《蠶尾集》卷七《芝廛集序》大講"南宗畫"的"理"，然後説："雖然，非獨畫也，古今風騷流別之道，固不外此。"南宗畫和神韻詩就是同一藝術原理在兩門不同藝術裏的體現了。

既然"詩家三昧"是"畧具筆墨"、"不着一字"，那末，寫景工密的詩、叙事流暢的詩、説理痛快的詩都算不得"風騷流別"裏的上乘了。例如謝靈運和柳宗元的風景詩都是刻劃細緻的，所以元好問《論詩絶句》説："謝客風容映古今，發源誰似柳州深！"自註："柳子厚，宋之謝靈運。"宋長白恰好把謝靈運的詩比於北宗畫："紀行詩前有康樂，後有宣城。譬之於畫，康樂則堆金積粉，北宗一派也；宣城則平遠閒曠，南宗之流也。"（《柳亭詩話》卷二八）若把元好問的話引申，柳宗元也就是"北宗一派"。無怪王士禎《戲仿元遺山論詩絶句》對柳宗元有貶詞："風懷澄淡推韋、柳，佳處多從五字求。解識無聲弦指妙，柳州那得並蘇州！""無聲弦指妙"就是"不着一字，盡得風流"的另一説法。韋應物正是神韻派的遠祖司空圖推尊和王維並列的：
"王右丞、韋蘇州澄淡精緻，格在其中，豈妨於遒舉哉？"（《與李
生論詩書》）"右丞、蘇州，趣味澄夐。"（《與王駕評詩書》）白居
易的詩既能敘事井井，又會說理娓娓，和神韻派更是話不投機。
司空圖就説："元、白力勁而氣孱，乃都市豪估耳。"（《與王駕評
詩書》）翁方綱《石洲詩話》卷一來了個補筆："一自司空表聖造
二十四《品》，抉盡秘妙，直以元、白爲屠沽之輩。漁洋先生甦
之，每戒後賢勿輕看《長慶集》。蓋漁洋教人，以妙悟爲主，故
其言如此。"使神韻派左右爲難的，當然是號稱"詩聖"的杜甫。

　　神韻派在舊詩史上算不得正統，不像南宗在舊畫史上曾佔
有統治地位。唐代司空圖和宋代嚴羽似乎都沒有顯著的影響；明
末清初，陸時雍評選《詩鏡》來宣傳，王士禎用理論兼實踐來提
倡，勉强造成了風氣。這風氣又短促得可憐。王士禎當時早有趙
執信作《談龍録》，大唱反調；乾、嘉直到同、光，大多數作者
和評論者認爲它祇是旁門小名家的詩風。這已是文學史常識。王
維無疑是大詩人，他的詩和他的畫又説得上"異跡而同趣"，而
且他在舊畫傳統裏坐着第一把交椅。然而舊詩傳統裏排起坐位
來，首席是輪不到王維的。中唐以後，衆望所歸的最大詩人一直
是杜甫。藉用克羅齊的名詞，王維和杜甫相比，祇能算"小的大
詩人"（un piccolo-grande poeta），而他的並肩者韋應物可以説
是"大的小詩人"（un grande-piccolo poeta）[31]。託名馮贄所作
《雲仙雜記》是部僞書，卷一捏造《文覽》記仙童教杜甫在"豆
壟"下掘得"一石，金字曰'詩王本在陳芳國'"，更是鬼話編造

出來的神話。然而作爲唐宋興論的測驗，天賜"詩王"的封號和
"子美集開詩世界"的歌頌（王禹偁《小畜集》卷九《日長簡仲
咸》），可以有同等價值。元稹《唐故檢校工部員外郎杜君墓繫
銘》早稱杜甫超過李白，能"兼綜古今之長"；宋祁雖然作詩深
受"西崑體"的影響，而他的《新唐書·杜甫傳讚》和元稹的
《杜君墓繫銘》一致，並不像西崑體領袖楊大年那樣"不喜杜工
部詩，謂爲'村夫子'"（劉攽《中山詩話》）㉜。《皇朝文鑑》卷
七二孫何《文箴》"還雅歸頌，杜統其衆"，"統"正是"兼綜"。
杜甫《偶題》自說："文章千古事，得失寸心知。……法自儒家
有，心從弱歲疲。"（參看辛棄疾《念奴嬌·答傅先之提舉》："君
詩好處，似鄒魯儒家，還有奇節。"）後世評論家順水推船，秦觀
《淮海集》卷一一《韓愈論》索性比杜甫於"集大成"的儒宗孔
子。晁說之《嵩山文集》卷一四《和陶引辯》說："曹、劉、鮑、
謝、李、杜之詩，《五經》也，天下之大中正也；彭澤之詩，老
氏也。"吳可《藏海詩話》："看詩且以數家爲率，以杜爲正經，
餘爲兼經也。"朱熹《語類》卷一三九稱李、杜詩爲學詩者的
"本經"。陳善《捫蝨新語》卷七："老杜詩當是詩中《六經》，他
人詩乃諸子之流也。"吳喬《圍爐詩話》卷二有"杜《六經》"的
名稱。蔣士銓《忠雅堂文集》卷一《杜詩詳註集成序》："杜詩
者，詩中之《四子書》也。"潘德輿《養一齋集》卷一八《作詩
本經序》："三代而下，詩足紹《三百篇》者，莫李、杜若也。
……朱子曰：'作詩先看李、杜，如士人治本經。'雖未以李、杜
之詩爲《經》，而已以李、杜之詩爲作詩之《經》矣。竊不自量，

輯李、杜詩千餘篇與《三百篇》風旨無二者，題曰《作詩本經》。"潘氏另一書《李杜詩話》卷二曾頌讚杜甫"集大成"，所以"李、杜"齊稱也好比儒家並推"孔、孟"，一個"至聖"，一個"亞聖"，還是杜甫居上的。

這樣看來，中國傳統文藝批評對詩和畫有不同的標準：論畫時重視王世貞所謂"虛"以及相聯繫的風格，而論詩時卻重視所謂"實"以及相聯繫的風格。因此，舊詩的"正宗"、"正統"以杜甫為代表。神韻派當然有異議，但不敢公開抗議，而且還口不應心地附議。陸時雍比較坦白，他在《唐詩鏡·緒論》裏對李、杜、韓、白等大家個個責難，祇推尊王、韋兩家，甚至直言不諱："摩詰不宜在李、杜下。"王士禎就很世故了。李重華《貞一齋詩說》記載："近見阮亭批抹杜集。乃知今人去古，分量大是懸絕，有多少矮人觀場處，乃正昌黎所謂'不自量'也。"（指韓愈《調張籍》："李杜文章在，光焰萬丈長。不知羣兒愚，那用故謗傷。蚍蜉撼大樹，可笑不自量！"）可見王士禎私下曾"批抹"杜詩，大加"謗傷"；他和門弟子的談話——記錄在《然燈紀聞》裏——卻稱讚杜甫律詩是"究竟歸宿處"。趙執信《談龍錄》透露了底細，說王士禎不便自己出面，祇藉嘴罵人："阮翁酷不喜少陵詩，特不敢顯攻之，每舉楊大年'村夫子'之目以語客。"李日華看到的"批抹"本，就是王士禎"酷不喜少陵詩"的物證。袁枚《隨園詩話》卷三也說："李、杜、韓、白俱非阮亭所喜，因其名太高，未便詆諆。"翁方綱《七言詩三昧舉隅》作了解釋："漁洋先生於唐賢，獨推右丞、少伯以下諸家得'三昧'之旨；蓋專以衝和淡遠爲主，不欲以雄鷙奧博爲宗。先生又不喜多作刻劃體物語，其於昌黎《青龍寺》前半，因微近色相而不取。""刻劃體物"和"近色相"那種説法，竟可以移評北宗畫。王士禎《池北偶談》有一條把王維、韓愈、王安石三家詠桃花源的詩比較一下，結論是："讀摩詰詩多少自在！二公便如努力挽強，不免面赤耳熱。"這和翁方綱的話是互相發明的。

王士禎《蠶尾集》卷一○《跋〈論畫絶句〉》，很耐尋味。《論畫絶句》的作者就是他標榜爲齊名同調的宋犖，所謂："當日朱顏兩年少，王揚州與宋黃州。"（參看《四庫總目》卷一七三《西陂類稿》提要）《跋》説："近世畫家專尚南宗，而置華原、營丘、洪谷、河陽諸大家。是特樂其秀潤，憚其雄奇，余未敢以爲定論也。不思史中遷、固，文中韓、柳，詩中甫、愈（自註：子美河南鞏縣人），近日之空同、大復，不皆北宗乎？牧仲中丞論畫，最推北宋數大家，真得祭川先河之義。"一眼粗看，好像他一反常態或盡除成見，居然推尊杜甫詩和北宗畫了；仔細再瞧，原來他別有用心，以致寥寥不上百字的文章脱枝失節，前言不對後語。既然"畫家專尚南宗"，那末不講旁人，至少"洪谷子"荆浩"有筆有墨"的實踐對南宗畫派的成立大有貢獻，他的《山水訣》或《畫説》、《畫法記》等又是南宗畫理論的奠基石，他正被"尚"，哪能説被"置"呢？既有"文中韓、柳"，就該接"詩中甫、白"，纔順理成章，爲什麼對韓愈那樣偏愛，金榜兩次題名，硬生生擠掉了李白呢？既反問"不皆北宗乎"，就該接"牧仲最推北宗"，纔合邏輯，爲什麼悄悄換了一個"宋"字呢？

“北宋”畫和“北宗”畫涵義不同，董其昌所舉“南宗兒孫之盛”裏，就有巨然、郭忠恕、米芾三位“北宋”大家。《蠶尾集》同卷《跋元人雜畫》裏也把宋畫概括爲南宗：“宋、元人畫專取氣韻，此如宋儒傳義，廢註疏而專言義理是也。”王士禎用的是畫評術語“南宗”、“北宗”，講的是畫家、文人的籍貫南方、北方，不是他們的風格。所以他特意註明杜甫是河南人；所以蜀人李白在“北宗”裏無地可容，而另一河南人韓愈必須一身二任。李夢陽（“空同”）寄籍扶溝，何景明（“大復”）本籍信陽，又是兩個河南人。三個非河南人——馬、班、柳——是拉來湊熱鬧的，彷彿被迫爲河南的臨時“榮譽公民”。揭穿了這些花樣，無非説河南商丘籍的宋犖是貨真價實的“北〔方大〕宗〔師〕”。發了一通論畫意見，請出歷代詩文名家，無非旁敲側擊、轉彎抹角地恭維那個“牧仲中丞”是大詩人，因此更要指出杜甫和他有同鄉之誼，彼此沾光。貌似文藝評論，實質是掛了文藝幌子的社交辭令。在研究古代——是否竟可以説“古今”或“歷代”？——文評時，正像在社會生活裏，我們得學會孟子所謂“知言”，把古人的一時興到語和他的成熟考慮過的議論區別開來，尤其把他的由衷認真的品評和他的官樣套語、應酬八股區別開來。

六

詩、畫傳統裏標準分歧，有一個很好的例證。上文引過蘇軾《王維、吳道子畫》，那首詩還有一段話，就是董其昌論南宗畫時

引爲權威性的結論的："吾觀畫品中，莫如二子尊。吳生雖妙絶，
猶以畫工論；摩詰得之於象外，有如仙翮謝籠樊。吾觀二子皆神
俊，又於維也斂袵無間言。"就是說，以"畫品"論，吳道子没
有王維高。但是，比較起畫風和詩風來，評論家把"畫工"吳道
子和"詩王"杜甫歸在一類。換句話說，畫品居次的吳道子的畫
風相當於最高的詩風，而詩品居首的杜甫的詩風相當於次高的畫
風。蘇軾自己在《書吳道子畫後》裏就以杜甫詩、韓愈文、顏真
卿書、吳道子畫相提並稱。楊慎《升菴全集》卷六四又《外集》
卷九四《畫品》說："吳道玄則杜甫。"方薰《山靜居畫論》卷上
講得更清楚："讀老杜入峽諸詩，蒼涼幽迥，便是吳生、王宰蜀
中山水圖。自來題畫詩，亦惟此老使筆如畫。昔人謂摩詰'畫中
有詩，詩中有畫'，方之杜陵，未免一丘一壑。"蘇軾《書吳道子
畫後》、《王定國詩叙》、《書唐氏六家書後》反復推杜甫爲"古今
詩人之首"，那是平常的正統見解。他的《書黄子思詩集後》卻
流露出異端情緒："予嘗論書，以謂鍾、王之跡，蕭散簡遠，妙
在筆墨之外。至唐顏、柳始集古今筆法而盡發之，極書之變，
⋯⋯而鍾、王之法益微。至於詩亦然。⋯⋯李太白、杜子美以英
瑋絶世之姿，凌跨百代，⋯⋯然魏、晉以來，高風絶塵，亦少衰
矣。⋯⋯詩人繼作，雖間有遠韻，而才不逮意。⋯⋯司空圖⋯⋯
詩文高妙，⋯⋯自列其詩之有得文字之表者二十四韻，恨當時不
識其妙。"蘇軾論詩似乎到頭來也傾向神韻派，和他論畫很早就
傾向南宗，標準漸漸合攏了。"蕭散簡遠，妙在筆墨之外"，"有
遠韻"，"有得文字之表"，和"維也得之於象外"，詞意一致。全

祖望看出蘇軾對李、杜的不滿，在《鮚埼亭集》外編卷二六《春
鳧集序》裏喚起大家注意，還補充說："自唐以還，昌黎、東野、
玉川、浪仙、昌谷，以暨宋之東坡、山谷、誠齋、束夫、放翁，
其造詣深淺、成家大小不一，要皆李、杜之別子也。"董其昌稱
南宗畫"兒孫之盛"那句話，這裏恰用得上，而神韻派詩相形之
下，祇能像他說北宗畫所謂"微"了。

對一個和自己的風格絕然不同或相反的作家，愛好而不漠
視，仰企而不揚棄，像蘇軾對司空圖的企慕，文學史上不乏這類
特殊的事。例如白居易嚮往李商隱（參看《苕溪漁隱叢話》前集
卷一六引《蔡寬夫詩話》），陸游嚮往梅堯臣，或歌德嚮往斯賓諾
沙，波德萊亞嚮往雨果、巴爾扎克；給我印象更深的是，象徵詩
派祖師馬拉美傾倒於自然主義小說祖師左拉的"空前的生活感"
（son sens inouï de la vie）和他表達羣衆動態、人體美等的才
能[33]。古希臘人說："狐狸多才多藝，刺猬祇會一件看家本領。"[34]
當代一位思想史家把天才分爲兩個類型，莎士比亞、歌德、巴爾
扎克等屬於狐狸型，但丁、易卜生、陀思妥也夫斯基等屬於刺猬
型，而托爾斯泰是天生的狐狸，卻一心要作刺猬（Tolstoy was
by nature a fox, but believed in being a hedgehog）[35]。我們也不
妨說，蘇軾之於司空圖，彷彿狐狸忻羨刺猬，而波德萊亞之於雨
果，則頗似刺猬忻羨狐狸。歌德和柯勒立治都曾講到這種現象，
葉芝也親切地描述了對"相反的自我"（the most unlike, being
my anti-self）的追求[36]；美學家還特地制定一條規律，叫什麼
"嗜好矛盾律"（Law of the Antinomy of Taste）[37]。這規律的名

稱是够莊嚴響亮的，但代替不了解釋。在莫里哀的有名笑劇裏，有人問爲什麼鴉片使人睡眠，醫生鄭重地回答："因爲它有一種催眠促睡力"（une vertu dormitive）。説白居易"極喜"李商隱詩文，是由於"嗜好矛盾律"，彷彿説鴉片使人睡眠，是由於"催眠促睡力"。實際上都是偷懶省事，不作出真正的解釋，而祇贈送了一頂帽子，給予了一個封號甚至綽號。

總結起來，在中國文藝批評的傳統裏，相當於南宗畫風的詩不是詩中高品或正宗，而相當於神韻派詩風的畫卻是畫中高品或正宗。舊詩或舊畫的標準分歧是批評史裏的事實。我們首先得承認這個事實，然後尋找解釋、鞭闢入裏的解釋，而不是舉行授予空洞頭銜的儀式。

註

① 　列許登堡（G. C. Lichtenberg）　《雋語·散文·書信》（*Aphorismen, Essays, Briefe*），巴德（K. Batt）編本 70 頁。聖佩韋（Sainte-Beuve）《我的毒素》（*Mes Poisons*），季洛（V. Giraud）編本 197 頁；他這幾句話也在《月曜日文談》開卷第一篇裏早説過。（*Causeries du lundi*, t.1, "M. Saint-Mar Girardin", pp. 15-16），《我的毒素》的那一節也見《文談》第 11 册 495 頁《小記與隨感》（*Notes et Pensées*）136 條。

② 　克羅齊（Croce）《美學》（*Estetica*），第 10 版 495 頁。

③ 　梅（G. May）《小説在十八世紀的困境》（*Le Dilemme du roman au 18ᵉ siècle*）18-19 頁，33 頁。

④ 　這是柏格森論古典主義文學是否含有浪漫主義成分所用名詞，見《思想與流動》（*La Pensée et le mouvant*, 1934）23-24 頁。參看尼采論後起的藝術大師不由自主地（unwillkürlich）改變了前人藝

術作品的評價和意義（*Menschliches*, *Allzumenschliches*, II. i. § 147, *Werke*, hrsg. K. Schlechta, Bd I, S.793），又論認識歷史需要 "事後追起作用的效能"（Rückwirkender Kräfte-*Die Fröhliche Wissenschaft*, I, § 34, Bd. II, S.62）。艾略脱論新起作品能改換（alter）傳統作品的位置（T. S. Eliot："Tradition and Individual Talent", *Selected Prose*, ed. J. Hayward, "Penguin", p.23）。艾略脱那節話是一般人引用慣的，但不如柏格森講得透徹。博爾赫斯論卡夫卡的先驅者時，説："事實上，每個作家都創造他的先驅者"（El hecho es que cada escritor *crea a sus precursores*—J. L. Borges："Kafka y sus precursores", *Otras Inquisiciones*, Alianza Emecee, 1979, p.109），正是柏格森的用意。博爾赫斯列舉卡夫卡的 "先驅者"，第二名是作《獲麟解》的韓愈；這和卡奈諦（Elias Canetti）《另一審判》（*Der andere Prozess*）裏讚美卡夫卡是惟一具有中國真精神的近代西方作家，都未必是咱們樂意聽的好消息，然而必將成爲研究者捕風捉影的好題目。參看《管錐編》論《焦氏易林》第一六則。

　　⑤　艾爾德曼（K. O. Erdmann）《文字的意義》（*Die Bedeutung des Wortes*）第 3 版 66-69 頁（ein Kapitel Scholastik）。

　　⑥　參看崑體良（Quntilian）《修辭原理》（*Institutio oratoria*）第 8 卷 6 章 40 節，《羅勃（Loeb）古典叢書》本第 3 册 324 頁。

　　⑦　艾德門茨（J. M. Edmonds）《希臘抒情詩》（*Lyra Graeca*），羅勃本第 2 册 258 頁。參看哈格斯特勒姆（J. H. Hagstrum）《姐妹藝術》（*The Sister Arts*）（1958）10 又 58 頁。

　　⑧　西塞羅《修辭學》（*Rhetorica ad Herennium*）第 4 卷 28 章，羅勃本 326 頁。

　　⑨　達文齊《畫論》（*Trattato della pittura*）16 章，米拉奈西（G. Milanesi）編本 12 頁。近代一個意大利作家對這句話承而又轉："這些畫家的繪畫不但是無言語的詩歌，而且是無聲響的音樂"（La lor pittura non è soltanto una poesia muta, ma è anche una musica muta.—D'Annunzio, *Il Fuoco*, ed. Fratelli Treves, p.107）。這也透露，

浪漫主義運動以來，音樂在藝術裏的地位高升在詩畫之上了。參看紀德（A. Gide）1926 年 5 月說批評家（L'abbé Brémond）把 "詩如畫"（ut pictura poesis）的標準變爲 "詩如樂"（ut musica poesis），《日記、回憶》（*Journal，Souvenirs*），《七星（La Pléiade）叢書》本 1004 頁。

⑩　萊辛《拉奧孔》（*Laokoon*）《前言》（Vorrede），李拉（P. Rilla）編《萊辛集》第 5 冊 10 頁。

⑪　霍拉斯《論詩代簡》（*Ars poetica*）361 行，參看《姊妹藝術》26，37，59-61，175 頁。

⑫　《拉奧孔》第 8 章，82 頁。

⑬　沃爾則爾（O. Walzel）《各門藝術的相互闡發》（*Wechselseitige Erhellung der Künste*）95 頁。

⑭　據文廷式《純常子枝語》卷九、卷二七所引道士著作，宋後道家也分 "南北宗"。原則是否和禪宗的分派相近，我沒有去考究。

⑮　巴斯楷爾（Pascal）《思辯錄》（*Pensées*）第 1 篇 2 節，季洛（V. Giraud）編本 50 頁。

⑯　《純理性批判》（*Kritik der reinen Vernunft*），艾爾德曼（B. Erdmann）校本，格魯依德（W. de Gruyter）版 500 頁，參看 495 頁。當代心理學有關 "性格型" 的基本分類："外向"（extrovert）和 "内注"（introvert）、"發散"（diverger）和 "收聚"（converger），也相發明。

⑰　貢布里支（E. H. Gombrich）《藝術與錯覺》（*Art and Illusion*）5 版（1977）169 頁。

⑱　休謨《情感論》（*Dissertation on the Passions*）第 6 節 6 條，見《道德、政治、文學論文集》（*Essays Moral，Political，and Literary*），格林（T. H. Green）與格羅士（T. H. Grose）編本第 2 冊 164 頁。休謨的話很像後來萊辛《拉奧孔》第 3 章講繪畫該挑選富有生發餘地的景象，"好讓想像力自由遊戲"（was der Einbildungskraft freies

Spiel lässt）（前註 10 所引同書 28 頁）。"工作"和"遊戲"通常是對立的概念，但休謨說"留些工作（work）給想像去幹"和萊辛説"讓想像力遊戲自如"，二者完全一致。中國古人所謂"得意忘言"、"貌異心同"、"莫死在句下"等，也許我們讀外國書時還不妨記住。

⑲　斯屈來欠（Lytton Strachey）《一部詩選》（*An Anthology*），見《人物與評論》（*Characters and Commentaries*）153 頁。

⑳　麥卡錫（Desmond MacCarthy）《中國的理想》（*The Chinese Ideal*），見《經驗》（*Experience*）73 頁。

㉑　屈力韋林（R. C. Trevelyan）《意外收獲》（*Windfalls*）115－119 頁。

㉒　敏斯德保（O. Münsterberg）《中國藝術史》（*Chinesische Kunstgeschichte*）第 1 册 222 頁。

㉓　韋爾蘭（Verlaine）《詩法》（*Art poétique*），《全集》梅賽因（A. Messein）版第 8 册 295 頁。

㉔　蓋茨（G. S. Gates）《近代的貓》（*The Modern Cat*）116 頁。

㉕　摩爾克爾（Gottfried F. Merkel）編《浪漫主義與翻譯藝術論文集》（*On Romanticism and the Art of Translation*）68 頁；參看貝爾（Henri Peyre）《法國古典主義》（*Le Classicisme français*）183 頁引聖佩韋和尼采，又吉爾曼（Margaret Gilman）《法國人論詩》（*The Idea of Poetry in France*）163 頁。

㉖　參看《管錐編》論《全上古三代秦漢三國六朝文》第一七一則"繪畫中之時代錯亂"、宋代筆記像《冷齋夜話》、《猗覺寮雜記》、《懶真子》等，都講到王維畫"雪中芭蕉"；詩篇像惠洪《與客論東坡》七律、陳與義《題清白堂》七絶之三、樓鑰《慧畫寒林七賢》五古、楊萬里《寄題張商弼葵堂》七絶之一等，都用了這個典故。晁沖之《三月雪》"從此斷疑摩詰畫，雪中自合有芭蕉"（《風月堂詩話》卷下引），是《具茨集》的逸詩。湯顯祖《玉茗堂集·尺牘》卷四《答凌初成》説起一個笑話："昔有人嫌摩詰之冬景芭蕉，割蕉加梅。冬則冬矣，然非王摩詰冬景也！"葉德輝《觀畫百詠》卷

二因李唐《深山避暑圖》裏畫了"丹楓",讚爲"'妙筆補天'得輞川不問四時之意",正是利用"雪蕉"爲藉口。

㉗　參看普來明格(A. Preminger)主編《詩歌與詩學百科全書》(*Encyclopedia of Poetry and Poetics*,1965),5 頁。

㉘　參看《管錐編》論《楚辭洪興祖補註》第五則。

㉙　洪邁明知那首陶詩可疑,反説王維、李白分別運"用"過它。《容齋五筆》卷一《問故居》:"此詩諸集中皆不載,惟晁文元家本有之。蓋'天目'疑非陶居處,然李白云云,乃用此爾。王摩詰詩云云。"參看《竹莊詩話》卷四《問來使》引《西清詩話》。

㉚　參看《管錐編》論《太平廣記》第八八則。

㉛　克羅齊《帕斯科里(Giovanni Pascoli)論》,見所作《評意大利文學》(*La Letteratura Italiana*),桑松内(Mario Sansone)輯本第 4 册 231 頁。

㉜　《新唐書》講到文藝,比《舊唐書》態度認真,説話也在行。如果依據《舊唐書》爲信史,那末,唐代最大的詩人原來是——吳筠!《隱逸傳》説他"詞理弘通,文彩焕發,每制一篇,人皆傳誦。雖李白之放蕩、杜甫之壯麗,能兼之者,其唯筠乎!"在整部書二百卷裏,不論立專傳還是入《文苑傳》的詩人,誰都没有贏得那樣讚嘆備至的評語,儘管那幾句話全是從權德輿《吳尊師傳》(《全唐文》卷五〇八)裏搬來的。

㉝　許德利希(F. Strich)《藝術與生活》(*Kunst und Leben*)90又 93 頁,參看 238 頁論華爾夫林(H. Wölfflin);比工(G. Picon)《閱讀的效用》(*L'Usage de la lecture*)188–189 頁;馬拉美(Mallarmé)《答問》(*Réponses à des enquêtes sur l'évolution littéraire*),《全集》《七星叢書》本 871 頁。

㉞　參看《管錐編》論《焦氏易林》第一二則"虎爲蝟伏"。

㉟　柏林(I. Berlin)《俄羅斯思想家》(*Russian Thinkers*)22–24 頁。

㊱　辛尼奥(G. F. Senior)與卜克(C. V. Bock)編註《批評家

歌德》（*Goethe the Critic*）8 頁；阿許（T. Ashe）編《柯勒立治語録
及其它》 （*Table-Talk and Omniana*）236 頁；葉芝（W. B. Yeats）
《在月亮的友善的靜寂中經過》（*Per Amica Silentia Lunae*），見《散
文集》（*Essays*），麥克密倫（Macmilan，1924）版 484 頁，參看 493
頁（the other self，the anti-self or the antithetical self）。

　　㊲　凱恩茨（F. Kainz）《美學這門科學》（*Aesthetics the Sci-
ence*），許惠勒（H. M. Schueller）英譯本 203-204 頁。佚名氏《燕超
樓雜著·古文家別集類案乙集叙録上》評陸游："文超逸有高致。
……陸通跋其文集以爲傚法南豐。放翁文實不似南豐，不知過庭之
訓，可以乃爾！"陸游論文尊曾鞏，恰像他論詩尊梅堯臣，都表示他
對"相反的自我"的追求。"嗜好矛盾"固然常有，但還不够構成規
"律"去頒佈。白居易和李商隱的嗜好正是湊手的事例。白遵守那條
"律"，他"晚極喜李義山詩文，嘗謂'我死得爲爾子足矣'"；而李
似乎無視那條"律"，對白的詩文没有相稱的反應。《樊南文集》卷
八洋洋千餘言的《白公墓誌銘》裏半句不提白詩，甚至祇説"姓名
過海流入鷄林、日南有文字國"，而不肯换個字説"詩名"。當然，
要辯解也很容易，譬如説：墓碑該講功業品節等大事，顧不到詞章
末技，或説：李多活二三十年，準會"晚極喜"白的詩文。還可以
找出其他理由；理由是湊趣的東西，最肯與人方便，一找就到。

讀《拉奧孔》

一

在考究中國古代美學的過程裏，我們的注意力常給名牌的理論著作壟斷去了。不用說，《樂記》、《詩品》、《文心雕龍》、詩文話、畫說、曲論以及無數掛出牌子來討論文藝的書信、序跋等等是研究的對象。同時，一個老實人得坦白承認，大量這類文獻的探討並無相應的大量收獲。好多是陳言加空話，祇能算作者禮節性地表了個態。葉燮論詩文選本，曾慨歎說："名爲'文選'，實則人選。"（《己畦集》卷三《選家說》）一般"名爲"文藝評論史也，"實則"是《歷代文藝界名人發言紀要》，人物個個有名氣，言論常常無實質。倒是詩、詞、隨筆裏，小說、戲曲裏，乃至謠諺和訓詁裏，往往無意中三言兩語，說出了精闢的見解，益人神智；把它們演繹出來，對文藝理論很有貢獻。也許有人說，這些雞零狗碎的東西不成氣候，值不得搜採和表彰，充其量是孤立

的、自發的偶見，够不上系統的、自覺的理論。不過，正因爲零
星瑣屑的東西易被忽視和遺忘，就愈需要收拾和愛惜；自發的孤
單見解是自覺的周密理論的根苗。再說，我們孜孜閱讀的詩話、
文論之類，未必都說得上有什麼理論系統。更不妨回顧一下思想
史罷。許多嚴密周全的思想和哲學系統經不起時間的推排銷蝕，
在整體上都垮塌了，但是它們的一些個別見解還爲後世所採取而
未失去時效。好比龐大的建築物已遭破壞，住不得人、也睄不得
人了，而構成它的一些木石磚瓦仍然不失爲可資利用的好材料。
往往整個理論系統剩下來的有價值東西祇是一些片段思想。脫離
了系統而遺留的片段思想和萌發而未構成系統的片段思想，兩者
同樣是零碎的。眼裏祇有長篇大論，瞧不起片言隻語，甚至陶醉
於數量，重視廢話一噸，輕視微言一克，那是淺薄庸俗的看法
——假使不是懶惰粗浮的藉口。

試舉一例。前些時①，我們的文藝理論家對狄德羅的《關於
戲劇演員的詭論》發生興趣，大寫文章討論。這個"詭論"的要
旨是：演員必須自己內心冷靜，才能維妙維肖地體現所扮角色的
熱烈情感，他先得學會不"動於中"，才能把角色的喜怒哀樂生
動地"形於外"（c'est le manque absolu de sensibilité qui prépare
les acteurs sublimes）；譬如逼真表演劇中人的狂怒時（jouer bien
la fureur），演員自己絕不認真冒火發瘋（être furieux）②。其實
在十八世紀歐洲，這並非狄德羅一家之言③，而且堂·吉訶德老
早一語道破："喜劇裏最聰明（la más discreta）的角色是傻呼呼
的小丑（el bobo），因爲扮演傻角的決不是個傻子（simple）"④。

正如扮演狂怒的角色的決不是暴怒發狂的人。中國古代民間的大眾智慧也覺察那個道理，簡括爲七字諺語："先學無情後學戲"⑤。狄德羅的理論使我們回過頭來，對這句中國老話刮目相看，認識到它的深厚的義蘊；同時，這句中國老話也彷彿在十萬八千里外給狄德羅以聲援，我們因而認識到他那理論不是一個洋人的偏見和詭辯。這種回過頭來另眼相看，正是黑格爾一再講的認識過程的重要轉折點：對習慣事物增進了理解，由"識"（bekannt）轉而爲"知"（erkannt），從舊相識進而成真相知⑥。我敢説，作爲理論上的發現，那句俗語並不下於狄德羅的文章。

我讀萊辛《拉奧孔》的時候，也起了一些類似上面所講的感想。

二

《拉奧孔》所講繪畫或造型藝術和詩歌或文字藝術在功能上的區別，已成老生常談了。它的主要論點——繪畫宜於表現"物體"（Körper）或形態，而詩歌宜於表現"動作"（Handlungen）或情事⑦，中國古人也浮泛地講過。晉代陸機分劃"丹青"和"雅頌"的界限，説："宣物莫大於言，存形莫善於畫"（張彥遠《歷代名畫記》卷一《敍畫之源流》引）⑧；這裏的"物"是"事"的同義字，就像他的《文賦》："雖茲物之在我。"《文選》李善註："物，事也。"北宋邵雍在兩首詩裏，説得詳細些："史筆善記事，畫筆善狀物。狀物與記事，二者各得一"；"畫筆善狀物，長於運丹青。丹青入巧思，萬物無遁形。詩筆善狀物，長於運丹誠。丹誠入秀句，萬物無遁情。"（《伊川擊壤集》卷一八《史畫吟》、《詩畫吟》）但是，萊辛的議論透徹深細得多。

萊辛不僅把"事"、"情"和"物"、"形"分別開來，他還進一步把兩者各和認識的兩個基本範疇——時間與空間——結合。作爲空間藝術的繪畫、雕塑衹能表現最小限度的時間，所畫出、塑造出的不能超過一刹那内的物態和景象（nie mehr als einen einzigen Augenblick），繪畫更是這一刹那内景物的一面觀（nur aus einen einzigen Gesichtspunkte）⑨。我聯想起唐代的傳説："客有以按樂圖示王維，維曰：'此《霓裳》第三疊第一拍也。'客未然，引工按曲，乃信。"（《太平廣記》卷二一三引《國史補》，卷二一四引《盧氏雜説》記"别畫者"看"壁畫音聲"一則大同小異）宋代沈括《夢溪筆談》卷一七批駁了這個無稽之談："此好奇者爲之。凡畫奏樂，止能畫一聲。"從那簡單一句話裏，我們看出他已悟到時間藝術衹限於一刹那内的景象了。"止能畫一聲"五個字也幫助我們了解一首唐詩。徐凝《觀釣臺畫圖》："一水寂寥青靄合，兩崖崔嵂白雲殘。畫人心到啼猿破，欲作三聲出樹難。""三聲"當然出於《荆州記》："漁者歌曰：'巴東三峽巫峽長，猿鳴三聲淚霑裳。'"（《世説新語·黜免》註引）或《宜都山水記》："行者歌之曰：'巴東三峽猿鳴悲，猿鳴三聲淚霑衣。'"（《藝文類聚》卷九五引）詩意是：畫家挖空心思，終畫不出"三聲"連續的猿啼，因爲他"止能畫一聲"。徐凝很可以寫："欲作悲聲出樹難"或"欲作鳴聲出樹難"，那不過説圖畫

祇能繪形而不能"繪聲"。他寫"三聲",寓意精微,"三"和
"一"、"兩"呼應,就是萊辛所謂繪畫祇表達空間裏的平列
(nebeneinander),不表達時間上的後繼(nacheinander)。所以,
"畫人"畫"一水"加"兩厓"的排列易,他畫"一"而"兩"、
"兩"而"三"的"三聲"繼續"難"。《拉奧孔》裏的分析使我
們回過頭來,對徐凝這首絕句和沈括那條筆記刮目相看。一向徐
凝祇以《廬山瀑布》詩傳名,不知道將來中國美學史家是否會帶
上他一筆。

西方學者和理論家對《拉奧孔》的考訂和責難,此地無須
敘述。萊辛論詩着眼在寫景狀物,論畫着眼在描繪故事,我也把
讀他時的感想分爲兩個部分。

三

詩中有畫而又非畫所能表達,中國古人常講。舉幾個有意思
的例。蘇軾記參寥語:"'楚江巫峽半雲雨,清簟疏簾看弈棋。'
此句可畫,但恐畫不就爾!"(《東坡題跋》卷三,句出杜甫《七
月一日題終明府水樓》第二首)陳著說:"梅之至難狀者,莫如
'疏影',而於'暗香'來往尤難也!豈直難而已?竟不可!逋仙
得於心,手不能狀,乃形之言。"(《本堂集》卷四四《代跋汪文
卿梅畫詞》,指林逋《山園小梅》:"疏影橫斜水清淺,暗香浮動
月黃昏")張岱說:"如李青蓮《靜夜思》詩:'舉頭望明月,低
頭思故鄉。''思故鄉'有何可畫?王摩詰《山路》詩'藍田白石

出，玉川紅葉稀'，尚可入畫；'山路原無雨，空翠濕人衣'，則如何入畫？又《香積寺》詩'泉聲咽危石，日色冷青松'，'泉聲'、'危石'、'日色'、'青松'皆可描摹，而'咽'字、'冷'字決難畫出。故詩以空靈，纔爲妙詩，可以入畫之詩尚是眼中金屑也。"（《瑯嬛文集》卷三《與包嚴介》）值得注意的是，畫家自己也感到這種困難。嵇康《兄秀才公穆入軍贈詩》之一五"目送歸鴻，手揮五弦"，畫家顧愷之説："畫'手揮五弦'易，'目送歸鴻'難。"（《世説新語·巧藝》第二一）董其昌説："'水作羅浮磬，山鳴于閬鐘'，此太白詩，何必右丞詩中畫也？畫中欲收鐘、磬不可得！"（《容臺集·別集》卷四，二句出僧靈一《静林精舍》詩；參看鄧椿《畫繼》卷六《王可訓論宋復古八景中烟寺晚鐘》："鐘聲固不可得。"）程正揆記載和董的一段談話："'洞庭湖西秋月輝，瀟湘江北早鴻飛。'華亭愛誦此語，曰：'説得出，畫不就。'予曰：'畫也畫得就，祇不像詩。'華亭大笑。然耶否耶？"（《青溪遺稿》卷二四《題畫》）

萊辛認爲，一篇"詩歌的畫"（ein poetisches Gemälde）不能轉化爲一幅"物質的畫"（ein materielles Gemälde），因爲語言文字能描叙出一串活動在時間裏的發展，而顏色綫條祇能描繪出一片景象在空間裏的鋪展[10]。這句話没有錯，但是，對比着上面所引中國古人的話，就見得不夠周到了。不寫演變活動而寫静止景象的"詩歌的畫"，也未必就能轉化爲"物質的畫"。祇有顧愷之承認的困難可以用萊辛的理論來解釋。"目送歸鴻"不比"目覩飛鴻"，不是一瞥即逝（instantaneous）的情景，而是持續

進行（progressive continuing）的活動。"送"和"歸"表示鳥向
它的目的地飛着、飛着，逐漸愈逼愈近，人追隨它的行程望着、
望着，逐漸愈眺愈遠。徐渭有一首詩，彷彿是"目送歸鴻"的申
說："驚雁避羅刅，江長起未高。眼拼一餉後，看到入雲梢〔霄〕"
（《青藤書屋文集》卷一○《江船一老看雁羣初起》；"一餉後"、"看
到"點清了過程。這裏確有萊辛所説時間上的承先啓後問題。其
他像嗅覺（"香"）、觸覺（"濕"、"冷"）、聽覺（"聲咽"、"鳴鐘
作磬"）的事物，以及不同於悲、喜、怒、愁等有顯明表情的内
心狀態（"思鄉"），也都是"難畫"、"畫不出"的，卻不僅是時
間和空間問題了。即就空間而論，繪畫得講究畫幅上的結構或佈
局。程正揆引的一聯詩把同一時間而不同空間裏的景物聯繫配
對，互相映襯，是詩文裏所謂"話分兩頭"、"雙管齊下"的例
子⑪；儘管作畫者的畫面有尺幅千里的氣象，使"湖西月"和
"江北鴻"都赫然紙上，兩者也祇會平鋪並列，而"畫不像"詩
句表示的分合錯綜的關係。在參寥引的兩句詩裏，大自然的動盪
景象爲賓，小屋子裏的幽閒人事爲主，不是"對弈棋"，而是
"看弈棋"，"看"字是句中之眼，那個旁觀的第三者更是主中之
主⑫。寫入畫裏，很容易使動盪的大自然蓋過了幽閒的小屋子，
或使幽閒的小屋子超脱了動盪的大自然，即使賓主二者烘托得
當，那個"看棋"人的旁觀而又特出的地位也是"畫不就"的。
寫景詩裏不止有各個分立的、可捉摸的物體，還有籠罩的、氣氛
性的景色，例如"濕人衣"的"空翠"、"冷青松"的"日色"，
也很"難畫出"。物色的氣氛而外，又有情調的氣氛。搶先萊辛

一步的柏克就説：描寫具體事物時，插入一些抽象或概括的字眼，産生包舉一切的雄渾氣象，例如彌爾頓寫地獄裏陰沉淒慘的山、谷、湖、沼等，而總結爲一個"死亡的宇宙"（a universe of death），那是文字藝術獨具的本領⑬，造型藝術辦不到的。

事實上，"畫不就"的景物無須那樣寥闊、流動、複雜或伴隨着香味、聲音。詩歌描寫一個靜止的簡單物體，也常有繪畫無法比擬的效果。詩歌裏渲染的顏色、烘托的光暗可能使畫家感到彩色碟破産，詩歌裏勾勒的輪廓、刻劃的形狀可能使造型藝術家感到鑿刀和畫筆力竭技窮。這當然不是否認繪畫、雕塑自有文字藝術無法比擬的獨特效果。

汪中《述學》内篇一《釋三九》上説詩文裏數目字有"實數"和"虛數"之分。這個重要的修辭方法可以推廣到數目以外，譬如顏色字。詩人描敍事物，往往寫得彷彿有兩三種顏色在配合或打架，刺激讀者的心眼；我們仔細推究，纔知實際上並無那麼多的顏色，有些顏色是假的。詩文裏的顏色字也有"虛""實"之分，用字就像用兵，要"虛虛實實"。蘇軾有一聯詩："翠浪舞翻紅罷亞，白雲穿破碧玲瓏。"（馮應榴《蘇詩合註》卷一〇《登玲瓏山》）雲的"白"、山的"碧"、稻浪的"翠"綠都是實色；"紅罷亞"是因米粒紅色而得名的"紅稻"（參看杜甫《茅堂檢校收稻》之一"紅鮮終日有，玉粒未吾慳"，又《暫住白帝復還東屯》"除芒子粒紅"），稻田裏"翠浪"滔滾的時候，"子粒紅"還没有影踪呢！所以，"紅"在這裏是有名無實的虛色。蘇軾另有"紅""翠"合用的名句："一朵妖紅翠欲流。"（《蘇詩合註》卷一一《和述古冬日牡丹》）既說花"紅"，又說它"翠"，不就像相傳笑話詩"一樹黃梅個個青，打雷落雨滿天星。三個和尚四方坐，不言不語口念經"（咄咄夫《增補一夕話》卷六）？原來"翠"不是真指綠顏色而言，"乃鮮明貌，非色也"。（參看馮註，又王應麟《困學紀聞》卷一八）詩句裏祇有一個真實顏色，就是"紅"；"翠"作爲顏色而論，在此處虛有其表，不跟實色"紅"牴牾或抵消反而烘托得它更射眼。杜甫《暮歸》"霜黃碧梧白鶴棲"，"碧梧"葉已給嚴霜打"黃"（參看《寄韓諫議註》："青楓葉赤天雨霜"），即目當景，"碧"沒有"黃"和"白"那樣實在。元稹《開元觀閒居酬吳士矩侍御》"赤誠祈皓鶴，綠髮代青縑"，"赤"是虛色，"皓"、"綠"、"青"是實色。暢當《題沈八齋》"綠綺琴彈《白雪引》，烏絲絹勒《黃庭經》"，"綠綺琴"是用司馬相如的典故，"綠"和"白"、"黃"同是虛色，祇"烏"是實色。韋莊《邊上逢薛秀才話舊》"也有絳唇歌《白雪》，更憐紅袖奪金船"，"白"虛色，"絳"、"紅"、"金"實色。白居易《九江北岸遇風雨》"黃梅縣邊黃梅雨，白頭浪裏白頭翁"，上句虛色，下句實色；《紫薇花》"獨立黃昏誰是伴，紫薇花對紫薇郎"，花"紫"是實，人"紫"是虛。寫一個顏色而虛實交映，有時還進一步製造兩個顏色矛盾錯綜的幻象，這似乎是文字藝術的獨家本領，造型藝術辦不到。設想有位畫家把蘇軾《冬日牡丹》作爲題材，他祇畫得出一朵紅牡丹花或鮮紅欲滴的牡丹花，畫不出一朵紅而"翠"的花；即使他畫得出，他也不該那樣畫，因爲"翠"在這裏和"紅"並非同一範疇的顏色字。虛色不是虛設的，它起着和實色配搭幫襯的作用；試把"翠欲流"改爲同義的"粲欲流"，那句詩就平淡乏味、黯淡減"色"了。西洋詩文也有相似的技巧。例如英語"紫"（purple）字有時按照它的拉丁字根（purpureus）的意義來用，不指顏色，而指光彩明亮（bright-hued, brilliant）⑭，恰像"翠"字"乃鮮明貌，非色也"。十八世紀寫景大家湯姆遜描摹蘋果花，就有這樣一句："紫雨繽紛落白花"（One white-empurpled shower of mingled blossoms）⑮；"白"是實色，"紫"是虛色。歌德名言"理論是灰黑的，生命的黃金樹是碧綠的"（Und Grün des Lebens goldner Baum）；當代美國詩人弗羅斯德的傳誦小詩（"Nothing Gold Can Stay"）第一句"大自然的初綠是黃金"（Nature's first green is gold）⑯，"黃金"哪裏會"碧綠"、"綠"呢？這裏"黃金"正如"黃金時代"或"黃金容顏"的"黃金"，是寶貴、美好的意思⑰，衹有"情感價值"（Gefühlswert），沒有"觀感價值"（Anschaungswert）⑱。換句話説，"黃金"是虛色，"碧綠"是實色。假如改説："落花如雨白晶瑩"或"人生寶樹油然綠"，也就乏味減色了。

文字藝術不但能製造顏色的假矛盾，還能調和黑暗和光明的真矛盾，創闢新奇的景象。例如《金樓子》第二篇《箴戒》"兩日併出，黑光遍天"，馮明期《滹沱秋興》"倒捲黑雲遮古林，平沙落日光如漆"（鄧漢儀《詩觀》三集卷一）；或李賀《南山田中行》"鬼燈如漆照松花"，徐蘭《磷火》"別有火光黑比漆，埋伏山坳語啾唧"（沈德潛《國朝詩別裁》卷二五）⑲。西洋詩歌有同樣的描寫；我接受萊辛限定的範圍，衹摘取一二寫景的詞句，不管宗教詩裏常用的"黑暗之光"那類比喻[20]。萊辛稱讚彌爾頓《樂園的喪失》裏有"詩歌的畫",在《拉奧孔》草稿中列舉該詩章句為例,都是描述繼續進展的動作的,"物質的畫"畫不出來[21]。不過,彌爾頓有些形容狀態的詞句,也同樣無法畫入"物質的畫",萊辛似乎忽視了。例如地獄裏的陰火"沒有亮光,祇是可以照見事物的黑暗"(no light but rather darkness visible),又魔鬼向天堂開炮,射出一道"黑火"(black fire)[22]。本身黑暗的光明或本身光明的黑暗,造型藝術很難表達。中國詩裏的"黑日"也曾出現在雨果的詩裏:"一個可怕的黑太陽耀射出昏夜"(Un affreux soleil d'où rayonne la nuit)[23];瓦勒利論"不可思議"(impossible à penser)和"荒謬無理"(un non-sens)的言詞可能是實大聲洪的好詩(une résonance magnifique),就舉了雨果這句為例[24]。一位大畫家確曾企圖把黑太陽畫出來;儘管度勒的名作《憂鬱》(*Melencolia*)裏那枚黑太陽也博得雨果的欣賞[25],我們終覺得不如他自己的詩句驚心動魄。竟可以大膽說,我們要不是事先心中有數,還看不出度勒所畫是黑太陽呢。度勒的失敗並非偶然。"黑日"、"火光黑比漆"等景物是光暗一體的,祇能黑漆漆而又亮堂堂地在文字藝術裏立足存身。

　　一個很平常的比喻已够造成繪畫的困難了,而比喻正是文學語言的特點。萊辛在草稿裏也提起繪畫無法利用比喻,因而詩歌大佔勝着[26],但他沒有把道理細講。

　　譬如說:"他真像獅子","她簡直是朵鮮花",言外的前提是:"他不完全像獅子","她不就是鮮花"。假如他百分之百地

"像"一頭獅子,她貨真價實地"是"一朵鮮花,那兩句話就是
"驗明正身"的動植物分類,不成爲比喻,因而也索然無味了。
南宋小詩人鞏豐有首題目很長的詩,《芊洋嶺背聞雨聲滿山。細
聽,嶺上槁葉風過之,相戛擊而成音,後先疏數中節,清絶難
狀。篷籠夜雨,未足爲奇》:"一葉初自吟,萬葉競相謔。須臾不
聞風,但聽雨索索。是雨亦無奇,如雨乃可樂。……"(讀畫齋
重刻本《南宋羣賢小集》第三三册《江湖後集》卷一)"是"就
"無奇","如"纔"可樂";簡潔了當地説出了比喻的性質和情感
價值。"如"而不"是",不"是"而"如",比喻體現了相反相
成的道理。所比的事物有相同之處,否則彼此無法合攏;它們又
有不同之處,否則彼此無法分辨。兩者全不合,不能相比;兩者
全不分,無須相比。所以佛經裏講"分喻",相比的東西祇有
"多分"或"少分"相類(《翻譯名義集》第五三篇"阿波陀那"
條,參看《大般涅槃經‧如來品》第四之二又《獅子吼菩薩品》
第一一之三)。不同處愈多愈大,則相同處愈有烘托;分得愈遠,
則合得愈出人意表,比喻就愈新穎。古羅馬修辭學早指出,相比
的事物間距離愈大(longius),比喻的效果愈新奇創闢(novitatis
atque inexspectata magis)㉗。中國古人對比喻包含的辯證關係,
也有領會。劉向《説苑‧善説》記惠子論"譬",説"彈之狀如
彈"則"未喻";皇甫湜根據"豈可以彈喻彈"的意思,總括出
比喻的原則:一方面"凡喻必以非類",另一方面"凡比必於其
倫"(《皇甫持正集》卷四《答李生第二書》、《第三書》)。楊敬之
《華山賦》裏有下面幾句"上上下下,千品萬類,似是而非,似

非而是"(《全唐文》卷七二一），恰可移作皇甫湜那兩句話的闡釋。"似是而非，似非而是"；"是雨亦無奇，如雨乃可樂"：唐文和宋詩十八個字把比喻的構成和誘力綜括無遺了。

比喻是文學語言的擅長，一到哲學思辨裏，就變爲缺點——不謹嚴、不足依據的比類推理（analogy）。講究名辯的《墨子·經》下說"異類不吡，說在量"，"吡"即"比"，《經說》下舉例爲證："木與夜孰長，智與粟孰多。"邏輯認爲"異類不比"，通常口語以及文學詞令相反地認爲"凡喻必以非類"。流行成語不是說什麼"斗筲之人"、"才高八斗"麼？墨子本人和大大小小的理論家一樣，常常受不了親手製造的理論的束縛；譬如他在開卷第一篇《親士》裏，就滿不在乎自己斤斤辯明的道理，竟把"智"和"粟"、人的性格和器物的容量"類吡"起來："是故江河不惡小谷之滿己也，故能大。聖人者，事無辭也，物無違也，故能爲天下器。"木的長短屬於空間範圍，夜的長短屬於時間範圍，是"異類"的"量"，不能相"比"。但是晏幾道《清商怨》"要問相思，天涯猶自短"，又《碧牡丹》"靜憶天涯此情猶短"，不就把時間上綿綿無盡期的長"相思"和空間上綿綿遠道的"天涯"較量一下長短麼？明人詩"鄂君繡被寒無香，江水不如殘夜長"（劉基《江上曲》），清人詞"人言路遠是天涯，天涯更比殘更短"（《全清詞鈔》卷三徐爾鉉《踏莎行》），不就更直捷爽快地用同一尺度來測"量""異類"的空間和時間麼[23]？外國成語不也說一個瘦高個子"像餓飯的一天那麼長"（Il est long comme un jour sans pain et maigre comme carême-prenant）麼？可見

"智與粟"比"多"、"木與夜"比"長",在修辭上是容許的。所以,從邏輯思維的立場來看,比喻被認爲是"事出有因的錯誤"(Figura è un errore fatto con ragione)㉙,是"自身矛盾的謬語(eine contradictio in adjecto),因而也是邏輯不配裁判文藝(daß die Logik nicht die Richterin der Kunst ist)的最好證明"㉚。難道不正是繪畫不能復製詩文的簡單證明麽?

造型藝術很難表達這種"似是而非、似非而是"的情景。宋人詞"溪上羣山,戢戢分駝背"(李彌遜《蝶戀花·新晴》);金人詩"駭浪奔生馬,荒山臥病駝"(元好問《中州集》卷九張楫小傳摘句);近人詩"古道修如蛇,枯楊秃如拳。晚山如橐駝,坐卧夕陽邊。"(許承堯《疑厂詩》卷丁《蘭州赴京師途中雜詩》)比山峯於駱駝 ——駱駝有肉峯,杜詩所謂"紫駝之峯",不失爲以物擬物的貼切比喻,説的又是静止狀態——"坐"駝、"卧"駝,絶不是什麽"繼續進展"的"動作"。問題是:怎樣把似駝而非的山寫入"物質的畫"呢?把山峯畫得像一頭駱駝麽?畫了山峯,又沿着它的外廓用虛綫勾勒一頭駱駝麽?畫一座大山,旁邊添一頭小駱駝,讓觀者即異見同麽?還是模仿有名的《梨子連環圖》("Les Poires")的辦法,在銜接的一幅幅裏,畫山峯一步步轉化,到頭來變了駱駝麽㉛?這都説不上山水畫,而祇是開玩笑的諷刺或滑稽畫了,因爲滑稽手法常"把二分之一或四分之一相似轉變爲全部相等"(Die Komik verwandle Halbe und Viertelsähnlichkeit in Gleichheiten)㉜。就像有些"現代派"畫把自行車畫成牛頭,車上把手是兩隻角,或把女明星的臉畫成一間屋子,嘴唇是沙發椅,鼻子是烟囱㉝。袁凱《海叟詩集》卷二《王叔明畫〈雲山圖〉》"初爲亂石勢已大,橐駝連峯馬牛臥";題畫詩完全可以用比喻這樣描寫,所題的畫裏倘若坐實那種景象,就算不得《雲山圖》,至多祇是《畜牧圖》了!

這個道理,狄德羅早講過。他説,詩歌可以寫一個人給愛神的箭射中,而圖畫祇能畫愛神向他張弓瞄準,因爲詩歌所謂中了愛神的箭是個比喻,若照樣畫出,畫中人看來就像遭受肉體創傷了(ce n'est plus un homme percé d'un métaphore,mais un homme percé d'un trait réel qu'on perçoit)㉞。霍桑也舉緊扣了比喻字面作畫(to make literal pictures of figurative expressions)的幾個笑話㉟。在不是講藝術的中國古書裏,我意外碰上相同的識見。洪適《隸釋》卷一六《武梁祠堂畫像釋》:"《帝王世紀》稱上古聖人'牛首蛇身'之類,亦猶孔子四十九表所謂'龜脊虎掌',世之言相者,有'犀形'、'鶴形'之比也。俗儒作圖譜,遂有真爲異類之狀者。此碑所畫伏戲,自腰以下若蛇然,亦非也"。倪元璐《倪文貞公文集》卷七《陳再唐〈海天樓時藝〉序》:"畫人貌人者,貴能發其河山龍鳳之姿,而不失其顴面口目之器;苟使範山模水以爲口目而施苞羽鱗鬐之形於其面,則非人矣!"汪曰楨《湖雅》卷六:"時適多蚊,因仿《山海經》説之云:'蟲身而長喙,鳥翼而豹腳。'……設依此爲圖,必身如大蛹,有長喙,背上有二鳥翼,腹下有四豹腳,成一非蟲非禽非獸之形,誰復知爲蚊者!"十八世紀一部英國通俗小説嘲笑畫家死心眼,把比例照樣畫出(the ridiculous consequence of realizing the metaphors),

舉了個例。《新約全書·馬太福音》講起責人嚴而對己寬的惡習，比喻爲："袛瞧見兄弟眼睛裏的蓬塵（mote），不知道自己眼睛裏有木杆（beam）。"一位畫家作了這樣的插圖：一個眼裏刺出長木梁的人伸手去拔另一人眼裏插的小稻草㊱。一句話，詩裏一而二、二而一的比喻是不能入畫的；或者説，"畫也畫得就，袛不像詩"。

四

《拉奧孔》所講的主要是故事畫。那時候，故事畫是公認爲繪畫中最高的一門，正如叙事的史詩是公認爲文學中最高的一體。文藝復興的一個代表人物阿爾培爾諦（L. B. Alberti）在《畫論》（*Della Pittura*）裏，就推崇故事畫是畫家"最偉大、最尖端"（grandissima, summa）的作品。十九世紀依然有這種風尚。一幅畫袛能畫出整個故事裏的一場情景；因此，萊辛認爲畫家應當挑選全部"動作"裏最耐尋味和想像的那"片刻"（Augenblick），千萬別畫故事"頂點"的情景。一達頂點，情事的演展到了盡頭，不能再"生發"（fruchtbar）了，而所選的那"片刻"彷彿婦女"懷孕"（prägnant），它包含從前種種，蘊蓄以後種種㊲。這似乎把萊伯尼兹的名言應用在文藝題材上來了："現在懷着未來的胚胎，壓着過去的負擔。"（Le présent est gros de l'avenir et chargé du passé)㊳抽象地説，時間的每一片刻無不背上負重而腹中懷孕。在具體人生經驗裏，各個片刻有不同的價值和意義；負擔或輕或重，或則求卸卻而不能，或則欲放下而不忍，胚胎有的尚未成熟，有的即可產生，有的恰如期望，有的大出意料。藝術家根據需要，挑選合用的片刻情景。黑格爾討論造型藝術時，再三稱引萊辛所批駁的文格爾曼（Winckelmann），一筆帶過了萊辛，講拉奧孔那個雕像時，連他的名字也不提[39]。然而他悄悄地採納了萊辛的論點。黑格爾說，繪畫不比詩歌，不能表達整個事件或情節的發展步驟，祇能抓住一個"片刻"（Augenblick），因此畫家該選擇那集合在一點上繼往開來的景象（in welchem das Vorgehende und Nachgehende in *einen* Punkt zusammengedrangt ist）；譬如畫打仗，就得畫勝負已分而戰鬪未了的片刻（das Gefecht ist noch sichtbar，zugleich aber die Entscheidung bereits gewiss）[40]。包孕最豐富的片刻是個很有用的概念[41]，後世美學家一般都接受了，並作心理學上的闡明[42]。這個概念不僅應用在故事畫上，甚至一位英國詩人論人物畫也說：畫中人的容貌應當"包孕着"許多表情而祇"生產出"一個表情（pregnant with many expressions，but delivered of one）[43]。

中國古人畫故事，也知道不挑選頂點或最後景象。黃庭堅《豫章黃先生文集》卷二七《題摹〈燕郭尚父圖〉》："往時李伯時爲余作李廣奪胡兒馬，挾兒南馳，取胡兒弓引滿以擬追騎。觀箭鋒所值，發之，人馬皆應弦也。伯時笑曰：'使俗子爲之，作箭中追騎矣。'余因此深悟畫格。"看來唐人早"悟"這種"畫格"。樓鑰《攻媿集》卷七四《跋〈秦王獨獵圖〉》："此《文皇獨獵圖》，唐小李將軍〔李昭道〕之筆。……三馬一豕，皆極奔驟；

弓既引滿而箭鋒正與豕相直。豈山谷、龍眠俱未見此畫耶?"李公麟深能體會富有包孕的片刻,祇要看宋人關於他另一幅畫《賢已圖》的描寫。岳珂《桯史》卷二:"博者五六人,方據一局,投迸盆中,五皆盧,而一猶旋轉不已。一人俯盆疾呼,旁觀者皆變色起立。"㊹"投"即"骰","賢已"出《論語·陽貨》:"不有博弈者乎! 爲之猶賢乎已。"避免"頂點",讓觀者揣摹結局,全由那顆旋轉未定的骰子和那個俯盆狂喊的賭客體現出來。《獨獵圖》景象的結果可以斷定,《賢已圖》景象的結果不能斷定;但兩者都面臨決定性的片刻,剗然而止,卻悠然而長,留有"生發"餘地。李昭道和李公麟當然不會知道萊辛和黑格爾,就像十九世紀初期英國木刻家比逸克(Thomas Bewick)也未必看到、聽到他們的理論。然而比逸克常畫一些富於含意的細節來表達整個故事,暗示即將發生的一場悲劇(telling a story by suggestive detail,foreshadowing a tragedy)———一句話,他挑選那留有生發餘地的"片刻"。《四足動物通史》(General History of Quad-rupeds)裏有這樣一幅插圖:草地上一個保姆和一個男人依偎談情;她管領的纔能行走的小娃娃正使勁拉扯一匹小馬的尾巴;那馬回頭怒目,舉起後蹄;那娃子的媽滿面驚惶,從屋裏跑出來,但顯然趕不及了(but she can hardly be in time)㊺。這幅三吋闊兩吋長的畫假如給萊辛、黑格爾瞧見,也許會蒙他們嘉賞。

　　這種"畫格"在後世故事畫裏常有體現,例如密萊司(J. E. Millais)取材於滑鐵盧戰爭的名作(The Black Brunswicker),但它是否成爲造型藝術的定規,我不知道。我感興趣的是,它可能而亦確曾成爲文字藝術裏一個有效的手法。詩文叙事是繼續進展的，可以把整個“動作”原原本本、有頭有尾地傳達出來，不比繪畫祇限於事物同時並列的一片場面；但是它有時偏偏見首不見尾，緊臨頂點，就收場落幕，讓讀者得之言外。換句話説，“富於包孕的片刻”那個原則，在文字藝術裏同樣可以應用。我接受萊辛的範圍，祇從叙事文學裏舉一兩個熟悉的例子，不管抒情詩裏的“含蓄”等等。

萊辛讚許過但丁《地獄》篇裏描寫饑餓的詩句⑯。整個《神曲》有兩行詩，一直公認爲但丁詩風的最好樣品，語約意遠，“以最簡的方法，獲取最大的效果”（ottenere il maggiore effetto possibile coi minori mezzi possibili）⑰。一行就是萊辛稱引的，另一行更著名，是弗朗契斯卡（Francesca）回憶她和保羅（Paolo）戀愛經過的末一句。她説和他同讀傳奇，漸漸彼此有情，後來讀到一個角色爲男女主角撮合，“那一天我們就不讀下去了”（Quel giorno più non vi leggemmo avante）⑱。她也講不下去了；説得更確切些，但丁自己不講下去了。他在逼臨男女兩情相悦的頂點時，把話頭切斷，那必然的結局含而不露，“筆所未到氣已吞”。這和黑格爾所舉打仗的例子性質完全符合，都是事勢必然而事跡未畢露，事態已熟而事變即發生。“富於包孕的片刻”不但指圖畫裏箭鋒相值、“引而不發”的情景，也很適用於但丁詩裏情不自禁、書難卒讀的情景。這個手法可在各種叙事文學裏碰見，就像契訶夫的短篇小説。契訶夫有一種“以不了了之”的手法，就是避免頂點，不到情事收場，先把故事結束，使人從他所講的情

事尋味他未講的餘事或後事。舉選本常收的《一個帶狗的女人》
爲例。一個中年男人和一個年輕女人相好，覺得生平初次領略愛
情的甜味。不幸，他家裏有妻有子，祇好偷情幽會，不能稱心歡
聚，那女孩子也很感委屈，慪氣哭了一場。他也明白長此下去，
終非了局，得找個妥善辦法。於是兩口兒仔細商量："解決的辦
法看來一會兒就可以商量出來，輝煌的新生活就可以開始。他們
倆都認識前路漫長，險阻艱難還剛起頭呢。"⑲ 是事情頂點的端倪
麼？已經是故事的末尾了。一對情人在密室裏打主意的場面，正
是所謂"富於包孕的片刻"。至於他們究竟"商量"出什麼"辦
法"，讀者據人物的性格和處境自去推斷，作者不花費筆墨。

我所見古代中國文評，似乎金聖嘆的評點裏最着重這種叙
事法。《貫華堂第六才子書》卷二《讀法》第一六則："文章最
妙，是目注此處，卻不便寫，卻去遠遠處發來。迤邐寫到將至
時，便又且住。如是更端數番，皆去遠遠處發來，迤邐寫到將至
時，即便住，更不復寫目所注處，使人自於文外瞥然覷見。《西
廂記》純是此一方法，《左傳》、《史記》亦純是此一方法"；卷
八："此《續西廂記》四篇不知出何人之手。……嘗有狂生題
《半身美人圖》，其末句云：'妙處不傳。'此不直無賴惡薄語，彼
殆亦不解此語爲云何也，夫所謂妙處不傳云者，正是獨傳妙處之
言也。……蓋言費卻無數筆墨，止爲妙處；乃既至妙處，即筆墨
卻停。夫筆墨都停處，此正是我得意處。然則後人欲尋我得意
處，則必須於我筆墨都停處也。今相續之四篇，便似意欲獨傳妙
處去，……則是祇畫下半截美人也。"⑳ 他的評點使我們了解"富

於包孕的片刻"不僅適用於短篇小說的終結，而且適用於長篇小
說的過接。章回小說的公式"欲知後事如何，且聽下回分解"，
是要保持讀者的興趣，不讓他注意力鬆懈。填滿這公式有各種手
法，此地祇講一種。《水滸》第七回林冲充軍，一路受盡磨折，
進了野豬林，薛霸把他捆在樹上，舉起水火棍劈將來，"畢竟林
冲性命如何，且聽下回分解"。這符合"富於包孕的片刻"的道
理。野豬林的場面構成了一幅絕好的故事畫：一人縛在樹上，一
人舉棍欲打，一人旁立助威，而樹後一個雄偉的和尚揮杖衝出。
一些"繡像"本《水滸》裏也正是那樣畫的，恰和《秦王獨獵
圖》、《四足動物史》插圖一脈相通，描摹了頂點前危機即發的剎
那，"寫到將至時，便又且住"，"既至妙處，筆墨卻停"。清代章
回小說家不諱言利用"欲知後事，且聽下回"的慣套，以博取藝
術效果。例如《兒女英雄傳》第五回結尾："要知那安公子性命
如何，下回交代"；第六回開首："……請放心，倒的不是安公
子，……是和尚。和尚倒了，就直捷痛快的說和尚倒了，就完了
事了，何必鬧這許累贅呢？這可就是說書的一點兒鼓噪。"《野叟
曝言》第五、第一〇六、第一二五、第一二九、第一三九回《總
評》都講"回末陡起奇波"，"以振全篇之勢，而隔下回之影"，
乃是"累墜呆板家起死回生丹藥"。"富於包孕的片刻"正是"回
末起波"、"鼓噪"的好時機。章學誠《文史通義》外篇一《史篇
別錄例議》："委巷小說、流俗傳奇每於篇之將終，必曰'要知後
事如何，且聽下回分解'，此誠搢紳先生鄙棄勿道者矣。而推原
所受，何莫非'事具某篇'作俑歟？"這位史學家作了門面之談。

"事具某篇"，是提到了某一事而不去講它，衹聲明已經或將要在另一場合詳講。例如《史記・留侯世家》："……及見項羽後解，語在項羽事中"，指相隔四十七卷以前的《項羽本紀》；《袁盎晁錯列傳》："……吳兵乃可罷，其語具在吳事中"，指相隔五卷以後的《吳王濞列傳》。"欲知後事如何，且聽下回分解"有三種情形：一、講完了某事，準備緊接着講另一事；二、某事講到臨了，忽然不講完，截下了尾巴；三、某事講個開頭，忽然不講下去，割斷了脖子。第一種像《水滸》第三回長老教魯智深下山"投一個去處安身"，贈他"四句偈言"："畢竟真長老與智深説出甚言語來，且聽下回分解。"第二種像上面所舉野豬林的情景。第三種像第二回魯達在人叢中聽榜文，背後一人攔腰抱住叫"張大哥"，扯離了十字街口，"畢竟扯住魯提轄的是甚人，且聽下回分解"。第二、三種都製造緊張局勢（cliffhanger），第一種是搭橋擺渡。"事具某篇"的"某篇"距離很遠，不發生過渡或緊張的問題；那句話衹是交代或許諾一下，彷彿説"改日再談吧"，或"從前談過了"，好比吉卜林（Kipling）所謂"那是另一椿故事"（but that is another story）。"且聽後回"和"事具某篇"兩者不能相提並論的。

這種"回末起波"的手法並不限於中國章回小説，我們的西洋文學研究者不該不注意到。例如喬治・桑（George Sand）稱讚大仲馬和歐仁・修兩人能在每章結束處特起奇峯，使讀者心癢情急，熱鍋上螞蟻似的要知後事（l'art de finir un chapitre sur une péripétie intéressante, qui devait tenir le lecteur en haleine,

dans l' attente de la curiosité ou de l' inquiétude)㉛。維尼在自己
的小説裏曾嘲笑一般故事作者"使讀者驚奇，又使讀者急待結
局"（faire des surprises et faire attendre la fin d'une histoire)㉜。
十九世紀德國劇作家魯德維希在論小説的著作裏認真分析了製造
緊張的技巧，其中之一是"刺激好奇心的緊張"（die Spannung
der Neugierde)，使讀者心口相問："出了什麼事兒呀？ 誰碰上了
呀？ 他的吉凶怎樣呀？"（Was geschiet? Wen betrifft es? Wie ist
er?)等等㉝。這種手法似乎早見於文藝復興時的民間説唱故事
（cantastorie) 以至長篇叙事詩，後來還推廣到劇本裏。譬如博
亞爾多那首兼有《西遊記》和《封神傳》神魔風味的長詩，差不
多每一篇都以"欲知趣事奇事，請聽下篇"等等爲結束（Però
un bel fatto potreti sentire,/Se l'altro canto tornareti a odire；
Nell'altro canto ve averò contato,/Se sia concesso dal Segnor su-
premo,/Gran meraviglia e più strana ventura/Ch'odisti mai per
voce,or per scrittura)；一位編註者甚至慨歎説："這又是不一口
氣講完的一篇!" （Ed ecco un altro canto che si interrompe col
fiato sospeso)㉞後來居上的亞理奧斯多在他那首使筆如舌、逸趣
橫生的長詩裏，也往往寫到緊要關頭，就把一篇結束，説："請
讓我歇一下嗓子，然後再講來由"；"我話講到這裏，您如願知後
文，下次奉告。" （Poi vi diro,signor,che ne fu causa,/ch'avro
fatto al cantar debita pausa；Ma differisco un'altra volta a dire/
quel che seguì,se mi vorrete udire)㉟等等。高乃伊説，在五幕劇
裏，前四幕每一幕的落幕時必須使觀衆期待着下一幕裏的後事

(il est nécessaire que chaque acte laisse une attente de quelque chose qui doive se faire dans celui qui le suit)⑤⑥。十九世紀英國小說家里特（Charles Reade）指導習作長篇小説的後輩，乾脆祇有三句話：“使他們笑，使他們哭，使他們等”（Make'em laugh；make'em cry；make'em wait）——“他們”指讀者，“等”的涵意不就是“刺激好奇心的緊張”麼？也正是“欲知後事，且看下回”了。

　　這種手法彷彿“引而不發躍如也”，“盤馬彎弓惜不發”。通俗文娛“説書”、“評彈”等長期運用它，無錫、蘇州等地鄉談所謂“賣關子”。《水滸》第五〇回白秀英“唱到務頭”，白玉喬“按喝”道：“我兒且回一回，……且走一遭，看官都待賞你！”《説岳全傳》第一〇回大相國寺兩個説“評話”的人，一個“説到”八虎來到幽州，“就不説了”，另一個“説到”羅成把住山口，“就住了”，楊再興、羅成打開銀包，送給説書“先生”銀子。蔣士銓《忠雅堂詩集》卷八《京師樂府詞》之三《象聲》：“語入妙時卻停止，事當急處偏回翔。衆心未饜錢亂撒，殘局請終勢更張。”都是寫“賣關子”。十九世紀英國一部小小經典小説也寫波斯“説話人”講故事，一到緊急關頭，便停下來（made a pause when the catastrophe drew near），説：“列位貴人聽客，請打開錢包吧！”（Now，my noble hearers，open your purses）⑤⑦萊辛講“富於包孕的片刻”，雖然是爲造型藝術説法，但無意中也爲文字藝術提供了一個有用的概念。“務頭”、“急處”、“關子”，往往正是萊辛、黑格爾所理解的那個“片刻”。

五

一個善於刻劃景物的近代英國詩人寫信給朋友說，萊辛講詩裏不該有畫，"那是撒謊，該死的撒謊！"（a damned lie）[58] 這表示《拉奧孔》還有活生生的挑動力，在百餘年後還能激起作家那麼强烈的反應。萊辛承認詩歌和繪畫各有獨到，而詩歌的表現面比繪畫"愈廣闊"[59]。假如上面提出的兩點有些道理，那末詩歌的表現面比萊辛所想的可能更廣闊幾分。當然，也許並非詩歌廣闊，而是我自己褊狹，偏袒、偏向着它。

註

① 這篇文章原是 1962 年寫的。

② 狄德羅《關於戲劇演員的詭論》（*Paradoxe sur le comédien*），阿賽扎（J. Assézat）編《全集》第 8 册 370 又 423 頁。

③ 參看《管錐編》論《全上古三代秦漢三國六朝文》第一三八則 "涉樂必笑，言哀已歎"。尼采說演員假如感受他正表演的情感，他就 "完蛋了"（er wäre verloren—*Kunst und Künstler*，§7，*Werke*，Alf-red Kröner，Bd XI，S. 2）；當代社會學家高夫曼（Erving Goffman）論日常處世接物也需要演戲的訓練（dramaturgical discipline—*The Presentation of Self in Everyday Life*，"Pelican Books"，pp. 210-212）。都無意中附和了這種 "詭論"。德國浪漫主義時期佚名作者的一部古怪小說《守夜》裏，有位演員說自己演出時帶着强烈感情（mit Gefühl），"冷靜是藝術的墳墓"（Nüchternheit ist das Grab der Kunst—*Die Nachtwachen des Bonaventura*，XII，Edinburgh Bilingual Library，1972，p. 186），那顯然針對 "詭論" 而發。

④ 《堂·吉訶德》第 2 部第 3 章，用楊絳譯本下册 29 頁的譯文。

⑤ 我所見到這句話的最早書面記載，是嘉慶二十一年（1816）刻本繆艮輯《文章遊戲》二編卷一湯春生《集杭州俗語詩》，又卷八湯誥《杭州俗語集對》。這句"俗語"決不限於杭州，我小時候在無錫、蘇州也曾聽到。

⑥ 《精神現象學》（*Phänomenologie des Geistes*），霍夫邁斯德（J. Hoffmeister）校訂本 28 頁，又《邏輯學》（*Wissenschaft der Logik*），雷克拉姆（Reclam）《萬有叢書》版第 1 册 21 頁。參看列許登堡（G. C. Lichtenberg）《雋語·散文·書信》（*Aphorismen，Essays，Briefe*），巴德（K. Batt）編本 75 頁説，對同一事物可有兩種不同性質的信念：因愚昧而遺留的信念（noch glauben），經思考而恢復的信念（wieder glauben）。講來最清楚的是紐曼（J. H. Newman）分析"一般概念的贊同"（notional assent）和"真知實意的贊同"（real assent），見《贊同的原理》（*The Grammar of Assent*），彭士·沃茨（Burns，Oates & Co.）版 74-75 頁。《河南程氏遺書》卷二上《吕與叔東見二先生語》："真知與嘗知異。嘗見一田夫被虎傷。……虎能傷人，雖三尺童子莫不知之，然也未嘗真知，真知須如田夫乃是。"那三個外國思想家所講的正是這個區別。

⑦ 《拉奥孔》15 及 16 章，李拉（P. Rilla）編《萊辛全集》第 5 册114-115頁。

⑧ 馬國翰輯《陸氏要覽》、嚴可均輯《全晉文》都漏收這一節。

⑨ 《拉奥孔》3 章，28 頁。

⑩ 《拉奥孔》14 章，112 頁；參看 13 章，108 頁。

⑪ 參看《管錐編》論《毛詩正義》第七則。中國舊詩語言精簡，不像散文和白話小説需要用"當其時"、"正是這個時候"等詞句來交代清楚。西洋小説寫同時異地的情事也偶爾省略了交代，例如福樓拜《情感教育》寫三個人分兩處同時傷心落淚，祇用一個

"也"字（tous deux sanglotaient … Mme Dambreuse aussi pleurait—*L'Éducation sentimentale*，III. v，Conard，p. 585）；但這類詞句（à cette heure-là；pendant ce temps-là；la même aprèsmidi，au même moment；an moment même où）還是經常用的（*Madame Bovary*，III. X，Conard，p. 469；*L'Éducation sentimentale*，II. iii，Conard，pp. 264-265；*ib.*，II. v，p. 356；*Sodome et Gomorrhe*，II. ii，*A la recherche du temps perdu*，"La Pléiade"，II，p. 739）。

⑫ 閻若璩《潛丘札記》卷二説"文章"有"四賓主"：主中主，主中賓，賓中主，賓中賓。參看吳喬《圍爐詩話》卷二以"古文四賓主法"論高適《燕歌行》。

⑬ 柏克（E. Burke）《論崇高與美麗》（*A Philosophical Inquiry into the Sublime and the Beautiful*）第 4 部分 7 節，波爾頓（J. T. Boulton）編校本174-175頁。

⑭ 《牛津英語大字典》（*O. E. D.*）"Purple"，A. 3。

⑮ 湯姆遜（James Thomson）《四季·春》（*The Seasons*："Spring"）109-110行，《詩集》牛津版 7 頁。

⑯ 《浮士德》第 1 部2038-2039行；弗羅斯德（Robert Frost）《詩集》翠鳥書屋（Halcyon House，1939）版 272 頁。

⑰ "黃金"是古希臘以來形容美女的套語，參看狄奧·克利索斯束（Dio Chrysostom）《演講集》（*Discourses*）第 7 又 19 篇註，《羅勃（Loeb）古典叢書》本第 1 册 261 頁、第 2 册 283 頁。例如西洋人稱讚美女的"烏黑眼珠、黃金臉蛋"（from her black eyes and from her golden face—Robert Burton，*Anatomy of Melancholy*，"Everyman's Lib."，Vol，III，p. 85），顔色也一實一虛；"黃金"正是"鮮明貌"（radiant beauty），指容光焕發，"非色也"。《説唐》第七回説秦叔寶"尊容面黃如金"，這個中國好漢和那位西方美人並沒有類同的臉色。

⑱ 艾爾德曼（K. O. Erdmann）《文字的意義》（*Die Bedeutung des Wortes*）215-217頁。

⑲ 參看《管錐編》論《太平廣記》第一四二則"鬼火冷、鬼

燈黑、鬼墨淡"。

⑳　參看《管錐編》論《老子王弼註》第一九則。

㉑　《拉奧孔》14 章，111 頁，又《附録》270、298–299、308–310 頁。

㉒　《樂園的喪失》（*Paradise Lost*）第 1 卷 63 行又第 2 卷 67 行，《彌爾頓詩集》牛津版 183 又 203 頁。彌爾頓的詩題，恰像亞理奧士多和塔索的名著的題目，都採用了拉丁語法；譯爲《樂園的喪失》（不是《喪失的樂園》）、《奧蘭都的瘋狂》（不是《瘋狂的奧蘭都》）、《耶路撒冷的解放》（不是《獲得解放的耶路撒冷》），纔切合意義而不誤解語法。參看海德（G. Highet）《古典文學的傳統》（*The Classical Tradition*）160 頁。

㉓　雨果（Hugo）《靜思集》（*Les Contemplations*）第 6 卷 26 篇，《雨果詩集》歐倫托夫（Ollendorff）版 421 頁。

㉔　瓦勒利（Valéry）《文學》（*Littérature*），見《瓦勒利集》，《七星（La Pléiade）叢書》本第 2 册 557 頁。

㉕　手邊所有芬尤（Ivan Fenyó）編《度勒（A. Dürer）畫選》第 56 幅；雨果讚語見《莎士比亞論》第 2 部 2 卷《哈姆雷德節》，歐倫托夫版 130 頁。

㉖　《拉奧孔·附録》298 頁。

㉗　崑體良（Quintilian）《修辭原理》（*Institution oratoria*）第 8 卷 3 章 74 節，《羅勃古典叢書》本第 3 册 252 頁。

㉘　參看《管錐編》論《左傳正義》第六則。

㉙　孟席尼（B. Menzini）語，見列奧巴迪（G. Leopardi）選《意大利詩文菁華録》（*La Crestomazia italiana*），《歐伯列（Hoepli）經典叢書》本 89 頁。

㉚　格利爾巴澤（F. Grillparzer）《日記》，見《全集》，羅來德（E. Rollett）與騷渥（A. Sauer）編本第 7 册 359 頁。

㉛　十九世紀法國有名漫畫，共四幅。第一幅是國王路易·非立潑的肖像，在第二、三幅裏他的面貌循序漸進地接近梨子的形狀，

結果成爲第四幅裏一顆帶葉的梨子。參看貢布里支（E. H. Gombrich）《藝術與錯覺》（*Art and Illusion*）5 版 290-291 頁。

㉜ 列普斯《滑稽與幽默》（*Komik und Humor*）27 頁。

㉝ 參看普拉兹（M. Praz）《美與怪》（*Bellezza e Bizzaria*）104 頁。崔涯《嘲李端端》"鼻似烟窗耳似鐺"，假如把這句詩畫出來，也許李端端和那幅洋畫裏的女明星就像一家人了。

㉞ 狄德羅《一七六一年畫展》（*Salon de 1761*），《全集》第 10 册 111-112 頁。

㉟ 霍桑（Hawthorne）《美國隨筆》（*American Notebooks*），司徒沃德（R. Stewart）編註本 107 頁。

㊱ 格雷扶斯（Richard Graves）《宗教信仰裏的吉訶德》（*The Spiritual Quixote*）第 2 卷 6 章，台維斯（Peter Davis）版第 2 册 16 頁。

㊲ 《拉奧孔》3 章，28 頁；16 章，115-116 頁；19 章，140 頁。

㊳ 萊伯尼兹（Leibniz）《悟性新論》（*Nouveaux Essais sur L'Entendement*）《序言》，蓋爾哈德（C. J. Gerhardt）編《萊伯尼兹哲學著作》第 5 册 48 頁。用胡塞爾（E. Husserl）現象學的術語來說，"内心的時間意識"（innere Zeitbewusstsein）的每一刻都是"留存"過去（Retention）和"延伸"未來（Protention）的辯證狀態。

㊴ 黑格爾《美學》（*Aesthetik*），建設出版社（Aufbau）本（1955）703,705 頁。

㊵ 前書 777 頁，參看 869 頁。

㊶ 例如席勒 1797 年 10 月 2 日致歌德書論戲劇情節裏富於"包孕"（prägnant）的"片刻"（Moment），人民企業出版社（VEB）三册本《席勒集》第 2 册 255 頁。

㊷ 例如伏爾凱爾德（J. Volkelt）《美學系統》（*System der Aesthetik*）第 1 册 146-147 頁。

㊸ 太勒（Sir Henry Taylor）《自傳》（*Autobiography*）第 2 册 249 頁。

㊸　參看《二十年目覩之怪現狀》第四十五回裏的白話改編。

㊹　蘭恩（Andrew Lang）《藏書漫話》（*The Library*）第 4 章
142-143 頁；這一章專講插圖，是多勃生（Austin Dobson）所寫。

㊻　《拉奥孔》25 章，186 頁。

㊼　吉烏斯諦（G. Giusti）《論〈地獄〉裏兩行詩》（*Didue versi
dell' Inferno*），《吉烏斯諦詩文選》（*Prose e Poesie scelte*）《歐伯利經
典叢書》本 109 頁。

㊽　《地獄》第 5 篇 138 行。

㊾　迦納德（Constance Garnett）英譯《契訶夫小説選》26 頁。

㊿　金聖嘆所謂"狂生"，大約指唐寅。唐仲冕輯本《六如居士
集》卷三有《題半身美人圖》七絶兩首，説什麽"動人情處未曾
描"，"寫到風流處便休"。參看李漁《奈何天》第一九折吳氏題半截
美人扇詩眉批"可並唐伯虎而更勝"，又《一家言》卷七《西子半身
像》。

○51　引自卜米埃（J. Pommier）《文評和文學史的問題》（*Questions de critique et d' histoire littéraire*）88 頁。

○52　維尼（Alfred de Vigny）《士兵生活的委屈和偉大》（*Servitude et grandeur militaires*）第 2 部 10 章，《全集》《七星叢書》本第 2
册 591 頁。

○53　魯德維希（Qtto Ludwig）《小説研究》（*Die Romanstudien*），《全集》，史德恩（A. Stern）編本第 6 册 104 頁。當代西德文
論家伊塞爾（W. Iser）論十九世紀報刊連載的長篇小説用"截割手
法"（Schnittechnik）製造緊張（Spannung, Suspens-Effekt），使讀者
急欲知"後事如何"（Wie wird es weitergehen?）；見瓦爾寧（R.
Warning）編《接受美學論文集》（*Rezeptionsasthetik*）第 2 版
（1979）236-237 頁。

○54　博亞爾多（M. M. Boiardo）《奧蘭都的癡情》（*Orlando innamorato*）第 1 卷 1 篇 91 節，2 篇 68 節，25 篇 61 節，安欠斯基（G.
Anceschi）編註本，加桑諦（Garzanti）版第 1 册 28，47，472 頁。

(55) 亞理奥斯多（L. Ariosto）《奥蘭都的瘋狂》（*Orlando furioso*）第3篇77節，11篇83節，《歐伯利（Hoepli）古典叢書》本25，102頁。

(56) 高乃伊（Corneille）《劇論》（*Discours sur le poème dramatique*）第3篇，《全集》勒非勿爾（Lefevre）版第12册117頁。

(57) 莫利阿（J. Morier）《伊斯巴漢的哈吉巴巴》（*Hajji Baba of Ispahan*）11章，《世界經典叢書》（The World's Classics）本70－71頁。

(58) 阿卜德（C. C. Abbott）編《霍普金士與狄克遜通信集》（*The Correspondence of G. M. Hopkins and R. W. Dixon*）61頁。

(59) 《拉奥孔》6章，58頁；8章，77乂79頁。

通　感

中國詩文有一種描寫手法，古代批評家和修辭學家似乎都沒有理解或認識。

宋祁《玉樓春》有句名句："紅杏枝頭春意鬧。"李漁《笠翁餘集》卷八《窺詞管見》第七則別抒己見，加以嘲笑："此語殊難著解。爭鬮有聲之謂'鬧'；桃李'爭春'則有之，紅杏'鬧春'，余實未之見也。'鬧'字可用，則'炒'〔同'吵'〕字、'鬮'字、'打'字皆可用矣！"同時人方中通《續陪》卷四《與張維四》那封信全是駁斥李漁的，雖然沒有提名道姓；引了"紅杏'鬧春'實未之見"等話，接着說："試舉'寺多紅葉燒人眼，地足青苔染馬蹄'之句，謂'燒'字粗俗，紅葉非火，不能燒人，可也。然而句中有眼，非一'燒'字，不能形容其紅之多，猶之非一'鬧'字，不能形容其杏之紅耳。詩詞中有理外之理，豈同時文之理、講書之理乎?"也沒有把那個"理外之理"講明白。蘇軾少作《夜行觀星》有一句"小星鬧若沸"，紀昀《評點蘇詩》卷二在句傍抹一道墨槓子，加批："似流星!"這表示他並未懂那句的意義，誤以爲它就像司空圖所寫："亦猶小星將墜，則芒焰驟作，且有聲曳其後。"（《司空表聖文集》卷四《絕麟集述》）宋人常把"鬧"字來形容無"聲"的景色，不必少見多怪。附帶一提，方氏引句出於王建《江陵即事》。

晏幾道《臨江仙》："風吹梅蕊鬧，雨細杏花香。"毛滂《浣溪紗》："水北烟寒雪似梅，水南梅鬧雪千堆。"馬子嚴《阮郎歸》："翻騰妝束鬧蘇堤，留春春怎知！"黃庭堅《次韻公秉、子由十六夜憶清虛》："車馳馬驟燈方鬧，地靜人閒月自妍"；又《奉和王世弼寄上七兄先生》："寒窗穿碧疏，潤礎鬧蒼蘚。"陳與義《簡齋詩集》卷二二《［舟抵華容縣］夜賦》："三更螢火鬧，萬里天河橫。"陸游《劍南詩稿》卷一六《江頭十日雨》："村墟櫻筍鬧，節物團棕近"；卷一七《初夏閒居即事》："輕風忽起楊花鬧，清露初晞藥草香。"卷七五《開歲屢作雨不成，正月二十六日夜乃得雨，明日遊家圃有賦》："百草吹香蝴蝶鬧，一溪漲綠鷺鷥閒。"范成大《石湖詩集》卷二○《立秋後二日泛舟越來溪》之一："行入鬧荷無水面，紅蓮沉醉白蓮酣。"陳耆卿《篔窗集》卷一○《與二三友遊天慶觀》："月翻楊柳盡頭影，風擺芙蓉鬧處香"；又《輓陳知縣》："日邊消息花爭鬧，露下光陰柳變疏。"趙孟堅《彝齋文編》卷二《康［節之］不領此［墨梅］詩，有許梅谷者仍求，又賦長律》："鬧處相挨如有意，靜中背立見無聊。"《佩文齋書畫譜》卷一四釋仲仁《梅譜‧口訣》："鬧處莫鬧，閒處莫閒。老嫩依法，新舊分年。"從這些例子來看，方中通說"鬧"字"形容其杏之紅"，還不够確切；應當說："形容其花之盛（繁）。""鬧"字是把事物無聲的姿態説成好像有聲音的波動，彷彿在視覺裏獲得了聽覺的感受。馬子嚴那句詞可以和另一南宋人陳造也寫西湖春遊的一句詩對照："付與笙歌三萬指，平分彩舫聒湖山。"（《江湖長翁文集》卷一八《都下春日》）"聒"是説"笙歌"，指嘈嘈切切、耳朵應接不暇的聲響；"鬧"是説"妝束"，相當於"鬧妝"的"鬧"，指花花緑緑、眼睛應接不暇的景象。"聒"和"鬧"雖然是同義字，但在馬詞和陳詩裏分別描寫兩種不同的官能感覺。宋祁、黄庭堅等詩詞裏"鬧"字的用法，也見於後世的通俗語言，例如《兒女英雄傳》三八回寫一個"小媳婦子"左手舉着"鬧轟轟一大把子通草花兒、花蝴蝶兒"。形容"大把子花"的那"鬧"字被"轟轟"兩字申説得再清楚不過了，這也足證明近代"白話"往往是理解古代"文言"最好的幫助。西方語言用"大聲叫吵的"、"呼然作響的"（loud，criard，chiassoso，chillón，knall）指稱太鮮明或强烈的顏色①，而稱暗淡的顏色爲"聾瞶"（la teinte sourde），不也有助於理解古漢語詩詞裏的"鬧"字麼？用心理學或語言學的術語來説，這是"通感"（synaesthesia)或"感覺挪移"的例子。

在日常經驗裏，視覺、聽覺、觸覺、嗅覺、味覺往往可以彼此打通或交通，眼、耳、舌、鼻、身各個官能的領域可以不分界限。顏色似乎會有温度，聲音似乎會有形象，冷暖似乎會有重量，氣味似乎會有體質。諸如此類，在普通語言裏經常出現。譬如我們説"光亮"，也説"響亮"，把形容光輝的"亮"字轉移到聲響上去，正像拉丁語以及近代西語常説"黑暗的嗓音"（vox fusca)、"皎白的嗓音"（voce bianca），就彷彿視覺和聽覺在這一點上有"通財之誼"（Sinnesgütergemeinschaft）。又譬如"熱鬧"和"冷靜"那兩個成語也表示"熱"和"鬧"、"冷"和"靜"在感覺上有通同一氣之處，結成配偶，因此范成大可以離問說："已覺笙歌無暖熱。"（《石湖詩集》卷二九《親鄰招集，强往即歸》）②李義山《雜纂·意想》早指出："冬日着碧衣似寒，夏月見紅似熱。"（《説郛》卷五）我們也説紅顏色"温暖"而綠顏色"寒冷"，"暖紅"、"寒碧"已淪爲詩詞套語。雖然笛卡兒以爲我們假如没有聽覺，就不可能單憑看見的顏色（par la seule vue des couleurs）去認識聲音（la connaissance des sons），但是他也不否認顏色和聲音有類似或聯繫（d'analogie ou de rapport entre les couleurs et les sons)③。培根的想像力比較豐富，他説：音樂的聲調摇曳（the quavering upon a stop in music）和光芒在水面蕩漾（the playing of light upon water）完全相同，"那不僅是比方（similitudes），而是大自然在不同事物上所印下的相同的腳跡"(the same footsteps of nature，treading or printing upon several subjects or matters)④。這算得哲學家對通感的巧妙解釋。

各種通感現象裏，最早引起注意的也許是視覺和觸覺向聽覺的挪移。亞理士多德的心理學著作裏已説：聲音有"尖鋭"（sharp）和"鈍重"（heavy）之分，那比擬着觸覺而來（used by analogy from the sense of touch），因爲聽、觸兩覺有類似處⑤。我們的《禮記·樂記》有一節美妙的文章，把聽覺和視覺通連。"故歌者，上如抗，下如隊，止如槁木，倨中矩，句中鈎，累累乎端如貫珠。"孔穎達《禮記正義》對這節的主旨作了扼要的説明："聲音感動於人，令人心想其形狀如此。"《詩·關雎·序》："聲成文，謂之音。"孔穎達《毛詩正義》："使五聲爲曲，似五色成文。"《左傳》襄公二九年季札論樂，"爲之歌《大雅》，曰：'曲而有直體。'"杜預《註》："論其聲。"這些都真是"以耳爲目"了！馬融《長笛賦》既有《樂記》裏那種比喻，又有比《正義》更簡明的解釋："爾乃聽聲類形，狀似流水，又像飛鴻。泛濫溥漠，浩浩洋洋；長矕遠引，旋復迴皇。""泛濫"云云申説"流水"之"狀"，"長矕"云云申説"飛鴻"之"象"；《文選》卷一八李善註："矕，視也。"馬融自己點明以聽通視。《文心雕龍·比興》歷舉"以聲比心"、"以響比辯"、"以容比物"等等，還向《長笛賦》裏去找例證，偏偏當面錯過了"聽聲類形"，這也流露劉勰看詩文時的盲點。《樂記》裏"想"聲音的"形狀"那一節體貼入微，爲後世詩文開闢了途徑。

　　白居易《琵琶行》有傳誦的一節："大弦嘈嘈如急雨，小弦切切如私語。嘈嘈切切錯雜彈，大珠小珠落玉盤。間關鶯語花底滑，幽咽泉流冰下難。"它比較單純，不如《樂記》那樣描寫的曲折。白居易衹是把各種事物發出的聲息——雨聲、私語聲、珠落玉盤聲、鳥聲、泉聲——來比方"嘈嘈"、"切切"的琵琶聲，並非説琵琶大、小弦聲"令人心想"這種和那種事物的"形狀"。一句話，他衹是把聽覺聯繫聽覺，並未把聽覺溝通視覺。《樂記》的"歌者端如貫珠"，等於李商隱《擬意》的"珠串咽歌喉"，是説歌聲彷彿具有珠子的形狀，又圓滿又光潤，構成了視覺兼觸覺裏的印象。近代西洋鋼琴教科書就常説彈出"珠子般的音調"（la note perlée，perlend spielen），作家還創造了一個新詞"珠子化"，來形容嗓子（une voix qui s'éperle）⑥，或者這樣描摹鳥聲："一羣雲雀兒明快流利地咭咭呱呱，在天空裏撒開了一顆顆珠子。"（Le allodole sgranavano nel cielo le perle del loro limpido gorgheggio)⑦ "大珠小珠落玉盤"是説珠玉相觸那種清而軟的聲音，不是説"明珠走盤"那種圓轉滑溜的"形狀"，因爲緊接着就説這些大大小小的聲音並非全是利落"滑"順，也有艱"難"澀滯的——"冰泉冷澀弦凝絕"。白居易另一首詩《和令狐僕射小飲聽阮咸》"落盤珠歷歷"，或韋應物《五弦行》"古刀幽磬初相觸，千珠貫斷落寒玉"，還是從聽覺聯繫到聽覺，把聲音比方聲音。白居易《小童薛陽陶吹觱篥歌》"有時婉軟無筋骨，有時頓挫生棱節。急聲圓轉促不斷，栗栗轔轔如珠貫。緩聲展引長有條，有條直直如筆描。下聲乍墜石沉重，高聲忽舉雲飄蕭"，這纔是"心想形狀"，《樂記》的"上如抗，下如隊，端如貫珠"都有了。元稹《元氏長慶集》卷二七《善歌如貫珠賦》詳細闡發《樂記》那一句："美綿綿而不絕，狀累累以相成。……吟斷章而離離若間，引妙囀而一一皆圓。小大雖倫，離朱視之而不見；唱和相續，師乙美之而謂連。……彷彿成像，玲瓏構虛。……清而且圓，直而不散，方同累丸之重疊，豈比沉泉之撩亂。……似是而非，賦《湛露》則方驚綴冕；有聲無實，歌《芳樹》而空想垂珠。"元稹從"累累貫珠"聯想到《詩・小雅》的"湛湛露斯"，思路就像李賀《惱公》的"歌聲春草露，門掩杏花叢"。歌如珠，露如珠（例如唐太宗《聖教序》"仙露明珠，詎能方其朗潤"；白居易《暮江吟》："可憐九月初三夜，露似真珠月似弓"），兩者都是套語陳言，李賀化腐爲奇，來一下推移（transference）："歌如珠，露如珠，所以歌如露。"邏輯思維所避忌的推移法，恰是形象思維慣用的手段⑧。李頎《聽董大彈胡笳》"空山百鳥散還合，萬里浮雲陰且晴"，也是"心想形狀如此"；"鳥散還合"正像馬融《長笛賦》所謂"鴻引復迴"。《樂記》"上如抗，下如隊"，就是韓愈《聽穎師彈琴》："浮雲柳絮無根蒂，天地闊遠隨飛揚。……躋攀分寸不可上，失勢一落千丈强。""抗、隊"的最好描寫是《老殘遊記》第二回王小玉説鼓書那一段："漸漸的越唱越高，忽然拔了一個尖兒，像一綫鋼絲似的，抛入天際。……那知他於那極高的地方，尚能迴環曲折。……恍如由傲來峯西面，攀登太山的景象，……及至翻傲來峯頂，纔見扇子崖更在傲來峯上，及至翻到扇子崖，又見南天門更在扇子崖上，愈翻愈險。……唱到極高的三四疊後，陡然一落，……如一條飛蛇在黄山三十六峯半中腰裏盤旋穿插。……愈唱愈低，愈低愈細。……彷彿有一點聲音從地底下發出，……忽又揚起，像放那束洋烟火，一個彈子上天，隨化作千百道五色火光，縱橫散亂……"⑨這樣筆歌墨舞也不外"聽聲類形"四字的原理罷了。

好些描寫通感的詞句都直接採用了日常生活裏表達這種經驗的習慣語言。像白居易《和皇甫郎中秋曉同登天宮閣》"清脆秋絲管"（參看《霓裳羽衣歌》："清絲脆管纖纖手"），賈島《客思》"促織聲尖尖似針"，或丁謂《公舍春日》"鶯聲圓滑堪清耳"，"脆"、"尖"、"圓"三字形容聲音，就根據日常語言而來。
《兒女英雄傳》第四回："唱得好的叫小良人兒，那個嗓子真是掉
在地下摔三截兒！"正是窮形極致地刻劃聲音的"脆"。王維《過
青溪水作》"色靜深松裏"，或劉長卿《秋日登吳公臺上寺遠眺》
"寒磬滿空林"和杜牧《阿房宮賦》"歌臺暖響"，把聽覺上的
"靜"字來描寫深淨的水色，溫度感覺上的"寒"、"暖"字來描
寫清遠的磬聲和喧繁的樂聲，也和通常語言接近，"暖響"不過
是"熱鬧"的文言。詩人對事物往往突破了一般經驗的感受，有
深細的體會，因此推敲出新奇的詞句。再補充一些例子。

　　陸機《擬西北有高樓》："佳人撫琴瑟，纖手清且閒；芳氣隨
風結，哀響馥若蘭。"庾肩吾《八關齋夜賦四城門第一賦韻》：
"已同白駒去，復類紅花熱。"韋應物《遊開元精舍》："綠陰生晝
靜，孤花表春餘。"孟郊《秋懷》之一二："商氣洗聲瘦，晚陰驅
景勞。"李賀《胡蝶飛》："楊花撲帳春雲熱，龜甲屏風醉眼纈"；
《天上謠》："天河夜轉漂回星，銀浦流雲學水聲。"劉駕《秋夕》：
"促織燈下吟，燈光冷於水。"司空圖《寄永嘉崔道融》："戍鼓和
潮暗，船燈照島幽。"唐庚《眉山文集》卷二一《書齋即事》：
"竹色笑語綠，松風意思涼。"楊萬里《誠齋集》卷三《又和二絕
句》："剪剪輕風未是輕，猶吹花片作紅聲"；卷一七《過單竹洋
徑》："喬木與修竹，相招爲茂林，無風生翠寒，未夕起素陰。"
王灼《虞美人》："枝頭便覺層層好，信是花相惱。舴艋一醉百分
空，攙了如今醉倒鬧香中。"（《全宋詞》一〇三四頁；參看《全
金詩》卷二七龐鑄《花下》："若爲常作莊周夢，飛向幽芳鬧處

棲。") 吳潛《滿江紅》："數本菊,香能勁;數朵桂,香尤勝。"
(《全宋詞》二七二六頁) 方岳《燭影搖紅·立春日束高內翰》:
"笑語誰家簾幕,鏤冰絲紅紛綠閧。"(《全宋詞》二八四八頁)
《永樂大典》卷三五七九《村》字引《馮太師集·黃沙村》："殘
照背人山影黑,乾風隨馬竹聲焦";卷五三四五《潮》字引林束
美《西湖亭》:"避人幽鳥聲如剪,隔岸奇花色欲燃。"(參看庾信
《奉和趙王〈隱士〉》:"野鳥繁弦囀,山花焰火然",又前引方中
通所舉"紅葉燒人眼";《全宋詞》二四〇六頁盧祖皋《清平樂》:
"柳邊深院,燕語明如剪。") 阮大鋮《詠懷堂詩》外集《辛巳詩》
卷上《張兆蘇移酊根遂宅》之一: "香聲喧橘柚,星氣滿蒿
萊。"⑩ 李世熊《寒支初集》卷一《劍浦陸發次林守一》:"月涼夢
破鷄聲白,楓霽烟醒鳥話紅。"嚴遂成《海珊詩鈔》卷五《滿城
道中》:"風隨柳轉聲皆綠,麥受塵欺色易黃。"黃景仁《兩當軒
全集》卷一九《醉花陰·夏夜》:"隔竹捲珠簾,幾個明星切切如
私語。"(參看吳清鵬《笏菴詩》卷四《秋夜》第三首:"明河亘
若流,衆星聚如語。") 黎簡《五百四峯草堂詩鈔》卷一八《春遊
寄正夫》:"鳥拋軟語丸丸落,雨翼新風泛泛涼。"(參看前引元
稹:"同累丸之重疊"。)

　　按邏輯思維,五官各有所司,不兼差也不越職,像《荀子·
君道篇》所謂:"人之百官,如耳、目、鼻、口之不可以相借官
也。"《公孫龍子·堅白論》說得更具體:"視不得其所堅,而得其
所白者,無堅也。拊不得其所白,而得其所堅者,無白也。……
目不能堅,手不能白。"一句話,觸覺和視覺是河水不犯井水的。

陸機《演連珠》第三七則明明宣稱：“臣聞目無嘗音之察，耳無照景之神。”《文選》卷五五劉峻註：“施之異務。”然而他自己卻寫“哀響馥若蘭”，又儼然表示：“鼻有嘗音之察，耳有嗅息之神。”“異務”可成“借官”，同時也表示一個人作詩和說理不妨自相矛盾，“詩詞中有理外之理”。聲音不但會有氣味——“哀響馥”、“鳥聲香”，而且會有顏色、光亮——“紅聲”、“笑語綠”、“雞聲白”、“鳥話紅”、“聲皆綠”、“鼓〔聲〕暗”。“香”不但能“鬧”，而且能“勁”。流雲“學聲”，綠陰“生靜”。花色和竹聲都可以有溫度：“熱”、“欲燃”、“焦”。鳥語有時快利如“剪”，有時圓潤如“丸”。五官感覺真算得有無相通、彼此相生了。祇要把“鏤冰絲紅紛綠鬧”對照“裁紅暈碧，巧助春情”（歐陽詹《歐陽先生文集》卷一《春盤賦》題下註韻腳），或把“小星鬧若沸”、“明星切切如私語”對照“星如撒沙出，爭頭事光大”（盧全《月蝕詩》），立刻看出儘管事物的景象是相類的，而描寫的方法很有差別。一個不“施之異務”，祇寫視覺本範圍裏的印象；一個“相借官”，寫視覺不安本分，超越了自己的範圍而領畧到聽覺裏的印象。現代讀者可能把孟郊的“商氣洗聲瘦”當作“郊寒島瘦”特殊風格的例子，而古人一般熟悉經、子，會看出這句裏戞戞獨造的是“洗”字，不是“瘦”字。聲音有肥有瘦，是儒家音樂理論的傳統區別。《禮記·樂記》：“肉好順成和動之音作。”鄭玄註：“‘肉’，肥也。”又：“曲直繁瘠，廉肉節奏。”孔穎達疏：“‘瘠’謂省約。……‘肉’謂肥滿。”《荀子·樂論篇》裏有大同小異的話。《樂記》另一處“廣則容奸，狹則思欲”，鄭玄註：“‘廣’謂聲緩，‘狹’謂聲急。”

"廣"、"狹"和"肥"、"瘠"都是"聽聲類形"的古例。

通感很早在西洋詩文裏出現。奇怪的是，亞理士多德的《心靈論》裏雖提到通感，而他的《修辭學》裏卻隻字不談。古希臘詩人和戲劇家的這類詞句不算少⑪，例如荷馬那句使一切翻譯者搔首擱筆的詩："像知了坐在森林中一棵樹上，傾瀉下百合花也似的聲音。"（Like unto cicalas that in a forest sit upon a tree and pour forth their lily-like voice）⑫ 十六、七世紀歐洲的"奇崛（Baroque）詩派"愛用"五官感覺交換的雜拌比喻"（certi impasti di metafore nello scambio dei cinque sensi）⑬。十九世紀前期浪漫主義詩人也經常採用這種手法，而十九世紀末葉象徵主義詩人大用特用，濫用亂用，幾乎使通感成爲象徵派詩歌的風格標誌（der Stilzug，den wir Synaesthese nennen，und der typisch ist für den Symbolismus）⑭。英美現代派的一個開創者龐特鑒於流弊，警戒寫詩的人別偷懶，用字得力求精確（find the exact word），切忌把感覺攪成混亂一團，用一個官能來表達另一個官能（Don't mess up the perception of one sense by trying to define it in terms of another）；然而他也聲明，這並非一筆抹煞（To this clause there are possibly exceptions）⑮。像約翰·唐恩的詩"一陣響亮的香味迎着你父親的鼻子叫喚"（A loud perfume… cryed/even at thy father's nose）⑯，就彷彿我們詩人的"鬧香"、"香聲喧"、"幽芳鬧"；稱濃烈的香味爲"響亮"，和現代英語稱缺乏味道、氣息的酒爲"靜默"（silent），配得上對。帕斯科里的名句"碧空裏一簇星星嘖嘖喳喳像小雞兒似的走動"（La Chioccetta

per l'aia azzurra／va col suo pigoliò di stelle)⑰，和我們詩人的
"小星鬧若沸"、"幾個明星切切如私語"也差不多了。

　　十八世紀的神秘主義者聖馬丁（Saint-Martin）說自己曾
"聽見發聲的花朵，看見發光的音調"（I heard flowers that soun-
ded and saw notes that shone)⑱。象徵主義爲通感手法提供深奧
的理論根據，也宣揚神秘經驗裏嗅覺能聽、觸覺能看等等
（l'odorat entend，le toucher voit)⑲。把各種感覺打成一片、混作
一團的神秘經驗，我們的道家和佛家常講⑳。道家像《莊子·人
間世》"夫徇〔同'洵'〕耳目内通，而外於心知"；《列子·黄帝
篇》"眼如耳，耳如鼻，鼻如口，無不同也，心凝形釋"，又《仲
尼篇》："老聃之弟子有亢倉子者，得聃之道，能以耳視而以目
聽。"佛書《成唯識論》卷四："如諸佛等，於境自在，諸根互
用。""諸佛"能"諸根互用"，等於"老聃"能"耳視目聽"。從
文人中最流行的佛經和禪宗語録各舉一例。《大佛頂首楞嚴經》
卷四之五："由是六根，互相爲用。阿難，汝豈不知，今此會中，
阿那律陀無目而見，跋難陀龍無耳而聽，殑伽神女非鼻聞香，驕
梵鉢提異舌知味，舜若多神無身覺觸。"釋曉瑩《羅湖野録》卷
一《空空道人死心禪師讚》："耳中見色，眼裏聞聲。"唐初釋玄
奘早駁"觀世音菩薩"是個"訛誤"譯名（《大唐西域記》卷三
"石窣堵波西渡大河"條小註），可是後世沿用不改，和尚以及文
人們還曲解"訛誤"，望文生義，用通感來彌縫。釋惠洪《石門
文字禪》卷一八《泗州院楠檀白衣觀音讚》："龍無耳聞以神，蛇
亦無耳聞以眼，牛無耳故聞以鼻，螻蟻無耳聞以身，六根互用乃

如此！"尤侗《西堂外集·艮齋續説》卷一〇："予有讚云：'音從聞入，而作觀觀；耳目互治，以度衆難。'"許善長《碧聲吟館談塵》卷二："'音'亦可'觀'，方信聰明無二用。"和尚做詩，當然信手拈來本店祖傳的貨色。例如今釋澹歸《遍行堂集》卷一三《南韶雜詩》之二三："兩地發鼓鐘，子夜挾一我。眼聲纔欲合，耳色忽已破。"又如釋蒼雪《南來堂詩集》卷四《雜樹林百八首》之五八："月下聽寒鐘，鐘邊望明月，是月和鐘聲，是鐘和月色？"明、清詩人也往往拾取釋、道的餘緒，作出"諸根互用"的詞句。張羽《靜居集》卷一《聽香亭》"人皆待三嗅，余獨愛以耳"；李慈銘《白華絳跗閣詩》卷巳《叔雲爲余畫湖南山桃花小景》"山氣花香無著處，今朝來向畫中聽"；郭麔《靈芬館雜著》續編卷三有一篇《聽香圖記》：這些就是"非鼻聞香"。鍾惺《隱秀軒詩》黃集二《夜》"戲拈生滅後，靜閱寂喧音"，這就是"耳視"，"音亦可觀"，祇因平仄聲關係，改"觀"字爲"閱"字。阮大鋮《詠懷堂詩集》卷三《秋夕平等菴》"視聽一歸月，幽喧莫辨心"，王貞儀《德風亭初集》卷三有一篇《聽月亭記》，這又是"耳目内通"，"目聽"了。

　　龐特對混亂感覺的詞句深有戒心，但他看到日文（就是漢文）"聞"字從"耳"，就自作主張，混鼻子於耳朵，把"聞香"解爲"聽香"（listening to incense），而大加讚賞。近來一位學者駁斥了他的穿鑿附會，指出"聞香"的"聞"字正是鼻子的嗅覺[21]。清代文字學家阮元《揅經室一集》卷一《釋磬》早説："古人鼻之所得、耳之所得，皆可藉聲聞以概之。"[22]我們不能責望龐特懂得中國的"小學"，但是他大可不必付出了誤解日語（也就是漢語）的代價，到遠東來鈎新摘異，香如有聲、鼻可代耳等等在西洋語言文學裏自有現成傳統。不過，他那個誤解也不失爲所謂"好運氣的錯誤"（a happy mistake），因爲"聽香"這個詞兒碰巧在中國詩文裏少説也有六百多年來歷，而現代口語常把嗅覺不靈敏稱爲鼻子是"聾"的。英國詩人布萊克（William Blake）曾把"眼瞎的手"（blind hand）來形容木鈍的觸覺，這和"耳聾"的鼻子真是天生巧對了。㉓

註

①　參看布松紐（C. Bousoño）《詩歌語言的理論》（*Teoria de la expresion poética*）第 6 版（1976）第 1 册 240－242 頁關於"叫吵的顏色"那個詞語的闡釋（"Colores chillones" es concretamente una sinestesia etc.）。

②　參看《管錐編》論《全上古三代秦漢三國六朝文》第八二則"以情境別氣候"。

③　笛卡兒（Descartes）《答第二難》（*Réponses aux secondes objections*），《著作與書信》（*Oeuvres et lettres*），《七星叢書》本 372 頁。

④　培根（Bacon）《學術的進展》（*Advancement of Learning*）第 2 卷 5 章，《人人叢書》（Everyman's Lib.）本 87 頁。

⑤　《心靈論》（*De Anima*）第 2 卷 3 章，《羅勃（Loeb）古典叢書》本 115 頁。

⑥　布吕諾（C. Bruneau）《法語小史》（*Petite histoire de la langue française*）第 2 册 198 頁引。

⑦　貝利（F. Perri）語，普羅文札爾（D. Provenzal）《形象詞典》（*Dizionario delle immagini*）23 頁引；參看同書 138 頁（D'Annunzio)、746 頁（Gentucca）、944 頁（Mazzoni, Paolieri）相類的引語。

⑧　《吕氏春秋·察傳》早説："故狗似玃，玃似母猴，母猴似人，人之與狗則遠矣!"參看《墨子·小取》論"推"，劉書《劉子·審名》；又羅斯達尼（A. Rostagni）《亞理士多德〈詩學〉：導言·本文·詮釋》（*Poeica : introduzione testo e commento*）2 版《導言》78-79 頁論"科學的三段論"（sillogismo scientifico）和文學的"想像和感性簡化二段論"（entimema immaginativo e sensitivo）。

⑨　《老殘遊記》第二回還提到一個"湖南口音"的"少年人"讚歎王小玉説書，"旁邊人"聽了説道："夢湘先生論得透闢極了!"那個湖南人是武陵王以慜，他的《檗塢詩存》卷七《濟城篇》就敍述王小玉鼓書的事，但並無"聽聲類形"的描摹。

⑩　參看《管錐編》論《全上古三代秦漢三國六朝文》第八一則。

⑪　詳見斯丹福特（W. B. Stanford）《希臘比喻》（*Greek Metaphor*）47-62 頁。

⑫　《伊里亞特》第 3 卷 152 行，《羅勃（Loeb）古典叢書》本第 1 册 129 頁。聖佩韋在論述古今優劣的論爭那篇長文裏，為荷馬的這個比喻舉出很巧妙的類例（"Hippolytte Rigault", Causeries du landi, vol. XIII, pp. 168-169）。參看古希臘《哲學家列傳》稱讚柏拉圖談話"聲音甜美"（a sweet-voiced speaker），像"知了傾瀉出的百合花般嬌嫩的音調"（as the cicala who pours forth a strain as delicate as a lily-diogenes Laertes, *Lives of Philosophers*, III. vii, Loeb, vol. I, p.273）。古希臘人對"蟬吟"、"蟬噪"似乎別有賞心，拉丁詩人卻正如加爾杜齊（G. Carducci）所説，憎厭辱罵知了（i poeti di razza latina odiino e oltraggino tanto le cicale）。

⑬　費萊羅（G. G. Ferrero）選註《馬利諾及其同派詩選》（*Marino ei Marinisti*）《導言》12 頁引弗洛拉（F. Flora）語。

⑭　凱塞（W. Kayser）《歐洲的象徵主義》，見《旅行講學集》（*Die Vortragsreise*）301 頁。

⑮　龐特（Ezra Pound）《回顧》（*Retrospect*），見《舞曲與分

門》（*Pavannes and Divisions*），諾普夫（A. Knopf，1918）版101頁。

⑯　約翰·唐恩（John Donne）《香味》（*The Perfume*），《詩集》牛津版76頁。

⑰　帕斯科里（G. Pascoli）《夜裏的素馨花》（*Il Gelosomino notturno*），《全集》蒙達多利（Mondadori）版1058頁。意大利詩文裏常用"鬧哄哄"一類字眼（rumore, ronzio）形容繁星，參看《形象詞典》875頁（Greppi）、876頁（Moscardelli）、879頁（Ceccardi）。

⑱　恩德希爾（E. Underhill）《神秘主義》（*Mysticism*）12版7頁引。

⑲　參看謝里斯（R. B. Chérix）《波德萊亞〈惡之花〉詮釋》（*Commentaire des "Fleurs du mal"*）31-36頁，又註①所引布松紐書第1冊361頁起對神秘宗大詩人（San Juan de la Cruz）的語言的分析。

⑳　參看《管錐編》論《列子張湛註》第三則"通感"。

㉑　邁納（E. Miner）《英美文學裏的日本傳統》（*The Japanese Tradition in British and American Literature*）134頁。

㉒　參看《管錐編》論《全上古三代秦漢三國六朝文》第八一則。

㉓　參看莎士比亞悲劇裏盲人說："假如我能用觸覺瞧見你"（see thee in my touch—*King Lear*, IV. i）；胡安·伊奈士修女（Sor Juan Inés de la Cruz）詩裏說她"把兩眼安置在雙手裏"（tengo en entrambas manos ambos ojos—"Verde embeleso de la vida humana"，F. J. Warnke, *European Metaphysical Poetry*，1961，p. 274）；歌德詩裏說情人用"能瞧見的手撫摸"，蝸牛具有"觸摸的視覺"（fühle mit sehender Hand—*Römische Elegien*，v；mit ihrem tastenden Gesicht—*Faust* I，"Walpurgisnacht"，*Werke*，Hamburger Ausgabe，Bd. I，S. 160，Bd. III，S. 127）；里爾克（R. M. Rilke）詩裏的盲女自說"用手去觸摸白玫瑰的氣息"（und fühlte: nah bei meinem Handen ging/der Atem einer grossen weissen Rose—"Die Blinde"，*Werke*，Insel Verlag，1957，Bd. I，S. 152）。法國成語"手指尖上生着眼睛"（avoir des yeux au bout des doigts），也就是形容觸覺敏銳。

林紓的翻譯

漢代文字學者許慎有一節關於翻譯的訓詁，義蘊頗爲豐富。《説文解字》卷六《囗》部第二十六字："囮，譯也。從'囗'，'化'聲。率鳥者係生鳥以來之，名曰'囮'，讀若'譌'。"南唐以來，小學家都申説"譯"就是"傳四夷及鳥獸之語"，好比"鳥媒"對"禽鳥"的引"誘"，"譌"、"訛"、"化"和"囮"是同一個字①。"譯"、"誘"、"媒"、"訛"、"化"這些一脈通連、彼此呼應的意義，組成了研究詩歌語言的人所謂"虛涵數意"（polysemy, manifold meaning）②，把翻譯能起的作用（"誘"）、難於避免的毛病（"訛"）、所嚮往的最高境界（"化"），彷彿一一透示出來了。文學翻譯的最高理想可以説是"化"。把作品從一國文字轉變成另一國文字，既能不因語文習慣的差異而露出生硬牽强的痕跡，又能完全保存原作的風味，那就算得入於"化境"。十七世紀一個英國人讚美這種造詣高的翻譯，比爲原作的"投胎轉世"（the transmigration of souls），軀體換了一個，而精魂依然故我③。換句話説，譯本對原作應該忠實得以至於讀起來不像譯本，因爲作品在原文裏決不會讀起來像翻譯出的東西。因此，意大利一位大詩人認爲好翻譯應備的條件看來是彼此不相容乃至相矛盾的（paiono discordanti e incompatibili e contraddittorie）：譯者得矯揉造作（ora il traduttore necessariamente affetta），對原文亦步亦趨，以求曲肖原著者的天然本來（inaffettato, naturale o spontaneo）的風格④。一國文字和另一國文字之間必然有距離，譯者的理解和文風跟原作品的內容和形式之間也不會沒有距離，而且譯者的體會和自己的表達能力之間還時常有距離。就文體或風格而論，也許會有希萊爾馬訶區分的兩種翻譯法，譬如說：一種儘量"歐化"，儘可能讓外國作家安居不動，而引導我國讀者走向他們那裏去，另一種儘量"漢化"，儘可能讓我國讀者安居不動，而引導外國作家走向咱們這兒來（Entweder der Übersetzer lässt den Schriftsteller möglichst in Ruhe und bewegt den Leser ihm entgegen, oder er lässt den Leser möglichst in Ruhe und bewegt den Schriftsteller ihm entgegen）⑤。然而"歐化"也好，"漢化"也好，翻譯總是以原作的那一國語文爲出發點而以譯成的這一國語文爲到達點⑥。從最初出發以至終竟到達，這是很艱辛的歷程。一路上顛頓風塵，遭遇風險，不免有所遺失或受些損傷。因此，譯文總有失眞和走樣的地方，在意義或口吻上違背或不很貼合原文。那就是"訛"，西洋諺語所謂"翻譯者即反逆者"（Traduttore traditore）。中國古人也說翻譯的"翻"等於把繡花紡織品的正面翻過去的"翻"，展開了它的反面："翻也者，如翻錦綺，背面皆花，但其花有左右不同耳。"（釋贊寧《高

七 綴 集

僧傳三集》卷三《譯經篇·論》）這個比喻使我們想起堂·吉訶
德說閱讀譯本就像從反面來看花毯（es como quien mira los tapi-
ces flamencos por el revés）⑦。"媒"和"誘"當然說明了翻譯在
文化交流裹所起的作用。它是個居間者或聯絡員，介紹大家去認
識外國作品，引誘大家去愛好外國作品，彷彿做媒似的，使國與
國之間締結了"文學因緣"⑧，締結了國與國之間惟一的較少反
目、吵嘴、分手揮拳等危險的"因緣"。

　　徹底和全部的"化"是不可實現的理想，某些方面、某種
程度的"訛"又是不能避免的毛病，於是"媒"或"誘"產生了
新的意義。翻譯本來是要省人家的事，免得他們去學外文、讀原
作，卻一變而爲導誘一些人去學外文、讀原作。它挑動了有些人
的好奇心，惹得他們對原作無限嚮往，彷彿讓他們嘗到一點兒味
道，引起了胃口，可是没有解饞過癮。他們總覺得讀翻譯像隔霧
賞花，不比讀原作那麽情景真切。歌德就有過這種看法；他很不
禮貌地比翻譯家爲下流的職業媒人（Übersetzer sind als ge-
schäftige Kuppler anzusehen）——中國舊名"牽馬"，因爲他們
把原作半露半遮（eine halbverschleierte Schöne），使讀者心癢神
馳，想像它不知多少美麗⑨。要證實那個想像，要揭去那層遮遮
掩掩的面紗，以求看個飽、看個着實，就得設法去讀原作。這樣
說來，好譯本的作用是消滅自己；它把我們向原作過渡，而我們
讀到了原作，馬上擲開了譯本。自負好手的譯者恰恰產生了失手
自殺的譯本，他滿以爲讀了他的譯本就無需去讀原作，但是一般
人能夠欣賞貨真價實的原作以後，常常薄情地拋棄了翻譯家辛勤

製造的代用品。倒是壞翻譯會發生一種消滅原作的功效。拙劣晦澀的譯文無形中替作者拒絕讀者；他對譯本看不下去，就連原作也不想看了。這類翻譯不是居間，而是離間，摧毀了讀者進一步和原作直接聯繫的可能性，掃盡讀者的興趣，同時也破壞原作的名譽。十七世紀法國的德·馬羅勒神父（l'abbé de Marolles）就是一個經典的例證。他所譯古羅馬詩人《馬夏爾的諷刺小詩集》（*Epigrams of Martial*）被時人稱爲《諷刺馬夏爾的小詩集》（*Epigrams against Martial*）⑩；和他相識的作者說：這位神父的翻譯簡直是法國語文遭受的一個災難（un de ces maux dont notre langue est affligée），他發願把古羅馬詩家統統譯出來，桓吉爾、霍拉斯等人都沒有蒙他開恩饒命（n'ayant pardonné），奧維德、太倫斯等人早晚會斷送在他的毒手裏（assassinés）⑪。不用說，馬羅勒對他的翻譯成績還是沾沾自喜、津津樂道的⑫。我們從親身閱歷裏，找得到好多和這位神父可以作伴的人。

　　林紓的翻譯所起"媒"的作用，已經是文學史公認的事實⑬。他對若干讀者，也一定有過歌德所說的"媒"的影響，引導他們去跟原作發生直接關係。我自己就是讀了林譯而增加學習外國語文的興趣的。商務印書館發行的那兩小箱《林譯小說叢書》是我十一二歲時的大發現，帶領我進了一個新天地，一個在《水滸》、《西遊記》、《聊齋志異》以外另闢的世界。我事先也看過梁啓超譯的《十五小豪傑》、周桂笙譯的偵探小說等，都覺得沉悶乏味⑭。接觸了林譯，我纔知道西洋小說會那麽迷人。我把林譯哈葛德、迭更司、歐文、司各德、斯威佛特的作品反復不厭地閱覽。假如我當時學習英語有什麼自己意識到的動機，其中之一就是有一天能够痛痛快快地讀遍哈葛德以及旁人的探險小說。四十年前⑮，在我故鄉那個縣城裏，小孩子既無野獸片電影可看，又無動物園可逛，祇能見到"走江湖"的人耍猴兒把戲或者牽一頭疥骆驼賣藥。後來孩子們看野獸片、逛動物園所獲得的娛樂，我祇能向冒險小說裏去找尋。我清楚記得這一回事。哈葛德《三千年艷屍記》第五章結尾刻意描寫鱷魚和獅子的搏鬪；對小孩子說來，那是一個驚心動魄的場面，緊張得使他眼瞪口開、氣兒也不敢透的。林紓譯文的下半段是這樣：

> 然獅之後爪已及鱷魚之頸，如人之脱手套，力拔而出之。少須，獅首俯鱷魚之身作異聲，而鱷魚亦側其齒，尚陷入獅股，獅腹為鱷所咬亦幾裂。如是戰鬪，為余生平所未覩者。
> ［照原句讀，加新式標點］

獅子抓住鱷魚的脖子，決不會整個爪子像陷進爛泥似的，為什麼"如人之脱手套"？鱷魚的牙齒既然"陷入獅股"，物理和生理上都不可能去"咬獅腹"。我無論如何想不明白，家裏的大人也解答不來。而且這場惡狠狠的打架怎樣了局？誰輸誰贏，還是同歸於盡？鱷魚和獅子的死活，比起男女主角的悲歡，是我更關懷的問題。書裏並未明白交代，我真心癢難搔，恨不能知道原文是否照樣糊塗了事⑯。我開始能讀原文，總先找林紓譯過的小說來讀。我漸漸聽到和看到學者名流對林譯的輕蔑和嗤笑，未免世態逐炎涼，就不再而也不屑再去看它，毫無戀惜地過河拔橋了！

最近，偶爾翻開一本林譯小說，出於意外，它居然還有些吸引力。我不但把它看完，並且接二連三，重溫了大部分的林譯，發現許多都值得重讀，儘管漏譯誤譯觸處皆是。我試找同一作品的後出的——無疑也是比較“忠實”的——譯本來讀，譬如孟德斯鳩和迭更司的小說，就覺得寧可讀原文。這是一個頗耐玩味的事實。當然，一個人能讀原文以後，再來看錯誤的譯本，有時不失爲一種消遣，還可以方便地增長自我優越的快感。一位文學史家曾說，譯本愈糟糕愈有趣：我們對照着原本，看翻譯者如何異想天開，把胡猜亂測來填補理解上的空白，無中生有，指鹿爲馬，簡直像“超現實主義”詩人的作風[17]。但是，我對林譯的興味，絕非想找些岔子，以資笑柄談助，而林紓譯本裏不忠實或“訛”的地方也並不完全由於他的助手們外語程度低淺、不够瞭解原文。舉一兩個例來說明。

《滑稽外史》第一七章寫時裝店裏女店員領班那格女士聽見顧客說她是“老嫗”，險些氣破肚子，回到縫紉室裏，披頭散髮，大吵大鬧，把滿腔妒憤都發洩在年輕貌美的加德身上，她手下一夥女孩子也附和着。林紓譯文裏有下面一節：

> 那格……始笑而終哭，哭聲似帶謳歌。曰：“嗟乎！吾來十五年，樓中咸謂我如名花之鮮妍。”——歌時，頓其左足，曰：“嗟夫天！”又頓其右足，曰：“嗟夫天！十五年中未被人輕賤。竟有騷狐奔我前，辱我令我肝腸顫！”

這真是帶唱帶做的小丑戲，逗得讀者都會發笑。我們忙翻開迭更司原書（第一八章）來看，頗爲失望。署仿林紓的筆調譯出來，大致如此：

> 那格女士先狂笑而後嚶然以泣，為狀至辛楚動人。疾呼曰："十五年來，吾為此樓上下增光匪少。邀天之祐。"——言及此，力頓其左足，復力頓其右足，頓且言曰："吾未嘗一日遭辱。胡意今日為此婢所賣！其用心詭鄙極矣！其行事實玷吾儕，知禮義者無勿恥之。吾憎之賤之，然而吾心傷矣！吾心滋傷矣！"

那段"似帶謳歌"的順口溜是林紓對原文的加工改造，絕不會由於助手的誤解或曲解。他一定覺得迭更司的描寫還不夠淋灕盡致，所以濃濃地渲染一下，增添了人物和情景的可笑。寫作我國近代文學史的學者一般都未必讀過迭更司原著，然而不猶豫地承認林紓頗能表迭更司的風趣。但從這個例子看來，林紓往往捐助自己的"諧謔"，爲迭更司的幽默加油加醬⑬。再從《滑稽外史》舉一例，見於第三三章（迭更司原書第三四章）：

> 司圭爾先生……顧老而夫曰："此為吾子小瓦克福。……君但觀其肥碩，至於莫能容其衣。其肥乃日甚，至於衣縫裂而銅鈕斷。"乃按其子之首，處處以指戟其身，曰："此肉也。"又戟之曰："此亦肉，肉韌而堅。今吾試引其皮，乃附肉不能

起。"方司圭爾引皮時，而小瓦克福已大哭，摩其肌曰："翁乃苦我！"司圭爾先生曰："彼尚未飽。若飽食者，則力聚而氣張，雖有瓦屋，乃不能閟其身。……君試觀其淚中乃有牛羊之脂，由食足也。"

這一節的譯筆也很生動。不過，迭更司祇寫司圭爾"處處戟其身"，祇寫他說那胖小子吃飽了午飯，屋子就關不上門，祇寫他說兒子的眼淚有"油脂性"（oiliness）；什麼"按其子之首"、"力聚而氣張"、"牛羊之脂，由食足也"等等都出於林紓的錦上添花。更值得注意的是，迭更司筆下的小瓦克福祇"大哭摩肌"，一句話沒有說。"翁乃苦我"那句怨言是林紓憑空穿插進去的，添個波折，使場面平衡；否則司圭爾一個人滔滔獨白，說得熱鬧，兒子彷彿啞口畜生，他這一邊太冷落了。換句話說，林紓認爲原文美中不足，這裏補充一下，那裏潤飾一下，因而語言更具體，情景更活潑，整個描述筆酣墨飽。不由我們不聯想起他崇拜的司馬遷《史記》裏對過去記述的潤色或增飾⑲。林紓寫過不少小說，並且要採取用"西人哈葛德"和"迭更先生"的筆法來寫小說⑳。他在翻譯時，碰到他認爲是原作的弱筆或敗筆，不免手癢難熬，搶過作者的筆代他去寫。從翻譯的角度判斷，這當然也是"訛"。即使添改得很好，畢竟變換了本來面目，何況添改未必一一妥當。方纔引的一節算是改得不差的，上面那格女士帶哭帶唱的一節就有問題。那格確是一個丑角，這場哭吵也確有裝模作樣的成分。但是，假如她有腔無調地"謳歌"起來，那顯然是在做戲，表示她的哭泣壓根兒是假的，她就製造不成緊張局面了，她的同夥和她的對頭不會嚴肅對待她的發脾氣了，不僅我們讀着要笑，那些人當場也忍不住笑了。李贄評點《琵琶記》第八折《考試》批語：“太戲！不像！”“戲則戲矣，倒須似真，若真反不妨似戲也。”[21]林紓的改筆過火得彷彿插科打諢，正所謂“太戲！不像！”了。

大家一向都知道林譯刪節原作，似乎没人注意它有時也像上面所説的增補原作。這類增補，在比較用心的前期林譯裏，尤其在迭更司和歐文作品的譯本裏，出現得很多。或則加一個比喻，使描叙愈有風趣，例如《拊掌録·睡洞》：

> 而笨者讀不上口，先生則以夏楚助之，使力躍字溝而過。

原文祇彷彿杜甫《漫成》詩所説“讀書難字過”，並無“力躍字溝”這個新奇的形象。或則引申幾句議論，使意義更顯豁，例如《賊史》第二章：

> 凡遇無名而死之兒，醫生則曰：“吾剖腹視之，其中殊無物。”外史氏曰：“兒之死，正以腹中無物耳！有物又焉能死？”

“外史氏曰”云云在原文是括弧裏的附屬短句，譯成文言祇等於：“此語殆非妄。”作爲翻譯，這種增補是不足爲訓的，但從修辭學或文章作法的觀點來説，它常常可以啓發心思。林紓反復説外國小說"處處均得古文文法","天下文人之腦力，雖歐亞之隔，亦未有不同者"，又把《左傳》、《史記》等和迭更司、森彼得的敍事來比擬㉒，並不是空口說大話。他確按照他的瞭解，在譯文裏有節制地摻進評點家所謂"頓蕩"、"波瀾"、"畫龍點睛"、"頰上添毫"之筆，使作品更符合"古文義法"㉓。一個能寫作或自信能寫作的人從事文學翻譯，難保不像林紓那樣的手癢；他根據個人的寫作標準和企圖，要充當原作者的"諍友"，自信有點鐵成金、以石攻玉或移橘爲枳的義務和權利，把翻譯變成藉體寄生的、束鱗西爪的寫作。在各國翻譯史裏，尤其在早期，都找得着可和林紓作伴的人。像他的朋友嚴復的劃時代譯本《天演論》就把"元書所稱西方"古書、古事"改爲中國人語"，"用爲主文譎諫之資"；當代法國詩人瓦勒利也坦白承認在翻譯桓吉爾《牧歌》時，往往心癢癢地想修改原作（des envies de changer quelque chose dans le texte vénérable)㉔。正確認識翻譯的性質，認真執行翻譯的任務，能寫作的翻譯者就會有克己工夫，抑止不適當的寫作衝動，也許還會鄙視林紓的經不起引誘。但是，正像背負着家庭重擔和社會責任的成年人偶爾羨慕小孩子的放肆率真，某些翻譯家有時會暗恨自己不能像林紓那樣大膽放手的，我猜想。

　　上面所引司各爾的話"君但觀其肥碩，至於莫能容其衣"，應該是"至於其衣莫能容"或"至莫能容於其衣"。這類文字上的顛倒訛脫在林譯裏相當普遍，看來不能一概歸咎於排印的疏忽。林紓"譯書"的速度是他引以自豪的，也實在是驚人的㉕。不過，他下筆如飛，文不加點，得付出代價。除了造句鬆懈、用

字冗贅而外，字句的脱漏錯誤無疑是代價的一部分。就像前引
《三千年艷屍記》那一節裏“而鱷魚亦側其齒，尚陷入獅股”（照
原來斷句），也很費解；根據原文推斷，大約漏了一個“身”字：
“鱷魚亦側其身，齒尚陷入獅股。”又像《巴黎茶花女遺事》“余
轉覺忿怒馬克挪揄之心，逐漸爲歡愛之心漸推漸遠”，贅餘的是
“逐漸”；似乎本來想寫“逐漸爲歡愛之心愈推愈遠”，中途變計，
而忘掉删除那兩個字。至於不很——或很不——利落的句型，
例子可以信手拈來：“然馬克家日間談宴，非十餘人馬克不適”
（《茶花女遺事》）；“我所求於兄者，不過求兄加禮此老”（《迦茵
小傳》第四章）；“吾自思宜作何者，詎即久候於此，因思不如竊
馬而逃”（《大食故宮餘載·記帥府之縛遊兵》）。這些不能算是衍
文，都屬於劉知幾所謂“省字”和“點煩”的範圍了（《史通》
内篇《敍事》、外篇《點煩》）。排印之誤不會没有，但也許由於
原稿的字跡潦草。最特出的例是《洪罕女郎傳》男主角的姓
（Quaritch），全部譯本裏出現幾百次，都作“爪立支”；“爪”字
準是“瓜”字，草書形近致誤。這裏不妨摘録民國元年至六年主
編《小説月報》的惲樹珏先生給我父親的一封信，信是民國三年
十月二十九日寫的：“近此公〔指林紓〕有《哀吹録》四篇，售
與敝報。弟以其名足震俗，漫爲登録〔指《小説月報》第五卷七
號〕。就中杜撰字不少：‘翻筋斗’曰‘翻滚斗’，‘炊煙’曰‘絲
煙’。弟不自量，妄爲竄易。以我見侯官文字，此爲劣矣！”這幾
句話不僅寫出林紓匆忙草率，連稿子上顯著的“杜撰字”或别字
都没改正，而且無意中流露出刊物編者對名作家來稿常抱的典型

的兩面態度。

在"訛"字這個問題上，大家一向對林紓從寬發落，而嚴厲責備他的助手。林紓自己也早把責任推得乾淨："鄙人不審西文，但能筆達；即有訛錯，均出不知。"（《西利亞郡主別傳·序》）㉖這不等於開脫自己是"不知者無罪"麼？假如我上文沒有講錯，那末林譯的"訛"決不能全怪助手，而"訛"裏最具特色的成分正出於林紓本人的明知故犯。也恰恰是這部分的"訛"能起一些抗腐作用，林譯因此而可以免於全被淘汰。試看林紓的主要助手魏易單獨翻譯的迭更司《二城故事》（《庸言》第一卷十三號起連載），它就祇有林、魏合作時那種刪改的"訛"，卻沒有合作時那種增改的"訛"。林譯有些地方，看來助手們不至於"訛錯"，倒是"筆達"者"信筆行之"，不加思索，沒體味出原話裏的機鋒。《滑稽外史》一四章（原書一五章）裏番尼那封信是歷來傳誦的。林紓把第一句"筆達"如下，沒有加上他慣用的密圈來表示欣賞和領會：

　　　　先生足下：吾父命我以書與君。醫生言吾父股必中斷，腕不能書，故命我書之。

無端添進一個"腕"字，真是畫蛇添足！對能讀原文的人說來，迭更司這裏的句法差不多防止了添進"腕"或"手"字的可能性（…the doctors considering it doubtful whether he will ever recover the use of his legs which prevents his holding a pen）。迭更

司賞識的蓋司吉爾夫人（Mrs. Gaskell）在她的小説裏寫了相類的話柄：一位老先生代他的妻子寫信，説"她的腳脖子扭了筋，拿不起筆"(she being indisposed with sprained ankle, which quite incapacitated her from holding pen)[27]。看來那是一個中西共有的套版笑話。《晉書》卷六八《賀循傳》"及陳敏之亂，詐稱詔書，以循爲丹楊内史。循辭從腳疾，手不制筆"；《太平廣記》卷二五〇引《朝野僉載》："李安期……看判曰：'書稍弱。'迷人對曰：'昨墜馬傷足。'安期曰：'損足何廢好書！'"林紓從容一些，即使記不得《晉書》的冷門典故，準會想起唐人筆記裏的著名詼諧，也許就改譯爲"股必中斷，不能作書"或"足脛難復原，不復能執筆"，不但加圈，並且加註了[28]。當然，助手們的外文程度都很平常，事先準備也不一定充分，臨時對本口述，又碰上這位應聲直書的"筆達"者，不給予遲疑和考慮的間隙。忙中有錯，口述者會看錯説錯，筆達者難保不聽錯寫錯；助手們事後顯然也沒有校核過林紓的稿子。在那些情況下，不犯"訛錯"才真是奇跡。不過，苛責林紓助手們的人很容易忽視或忘記翻譯這門藝業的特點。我們研究一部文學作品，事實上往往不能够而且不需要一字一句都透徹瞭解的。對有些字、詞、句以至無關重要的章節，我們都可以"不求甚解"，一樣寫得出頭頭是道的論文，因而掛起某某研究專家的牌子，完全不必聲明對某字、某句、某典故、某成語、某節等缺乏瞭解，以表示自己嚴肅誠實的學風。翻譯可就不同，衹彷彿教基本課老師的講書，而不像大教授們的講學。原作裏沒有一個字可以滑過溜過，沒有一處困難可以支吾扯淡。一部作品讀起來很順利容易，譯起來馬上出現料想不到的疑難，而這種疑難並非翻翻字典、問問人就能解決。不能解決而迴避，那就是任意删節的"訛"；不敢或不肯躲閃而强作解人，那更是胡猜亂測的"訛"。可憐翻譯者給扣上"反逆者"的帽子，既製造不來煙幕，掩蓋自己的無知和謬誤，又常常缺乏足夠厚的臉皮，不敢藉用博爾赫斯（J. L. Borges）的話反咬一口，說那是原作對譯本的不忠實（El original es infiel a la traduccion）㉙。譬如《滑稽外史》原書第三五章説赤利伯爾弟兄是"German-merchants"，林譯第三四章譯爲"德國巨商"。我們一般也是那樣理解的，除非仔細再想一想。迭更司決不把德國人作爲英國社會的救星，同時，在十九世紀描述本國生活的英國小説裏，異言異服的外國角色衹是笑柄㉚，而赤利伯爾的姓氏和舉止表示他是道地英國人。那個平常的稱謂在這裏有一個現代不常用的意義：不指"德國巨商"，而指和德國做進出口生意的英國商人㉛。寫文章評論《滑稽外史》或介紹迭更司的思想和藝術時，衹要不推斷他也像卡萊爾那樣嚮往德國，我們的無知謬誤大可免於暴露丟臉；翻譯《滑稽外史》時，衹怕不那麽安全了。

所以，林紓助手的許多"訛錯"，都還可以原諒。使我詫異的是他們教林紓加添的解釋，那一定經過一番調查研究的。舉兩個我認爲最離奇的例。《黑太子南征録》㉜第五章："彼馬上呼我爲'烏弗黎'（註：法蘭西語，猶言'工人'），且作勢，令我闢此雙扉。我爲之啓關，彼則曰：'懋爾西（註：係不規則之英語）。'"《孝女耐兒傳》第五一章："白拉司曰：'汝大能作雅謔，

而又精於動物學，何也？汝殆爲第一等之小丑！'"英文 Buf-
foon、滑稽也，Bufon、癩蟆也；白拉司本稱圭而伯爲"滑稽"，
音吐模糊，遂成"癩蟆"。把"開門"（ouvre）和"工人"（ou-
vrier）混爲一字，不去說它，爲什麼把也是"法蘭西語"的"謝
謝"（merci）解釋爲"不規則之英語"呢？法國一位"動物學"
家的姓和法語"小丑"那個字聲音相近，雨果的詩裏就葉韻打趣
過㉝；不知道布封這個人，不足爲奇，爲什麼硬改了他的本姓
（Buffon）去牽合拉丁語和意語的"癩蟆"（bufo, bufone），以致
法國的"動物學"大家化爲羅馬的兩棲小動物呢？莎士比亞《仲
夏夜之夢》第三幕第一景寫一個角色遭魔術禁咒，變爲驢首人
身，他的夥伴驚叫道："天呀！你是經過了翻譯了（Thou art
translated)!"那句話可以應用在這個例上。

　　林紓四十四五歲，在逛石鼓山的船上，開始翻譯㉞。他不斷
譯書，直到逝世，共譯一百七十餘種作品，幾乎全是小說。傳說
他也曾被聘翻譯基督教《聖經》㉟，那多分是不懂教會事務的小
報記者無稽之談。據我這次不很完全的瀏覽，他接近三十年的翻
譯生涯顯明地分爲兩個時期。"癸丑三月"（民國二年）譯完的
《離恨天》算得前後兩期間的界標。在它以前，林譯十之七八都
很醒目；在它以後，譯筆逐漸退步，色彩枯暗，勁頭鬆懈，讀來
使人厭倦。這並非因爲後期林譯裏缺乏出色的原作。塞萬提斯的
《魔俠傳》和孟德斯鳩的《魚雁抉微》就出於後期。經過林紓六
十歲後沒精打彩的翻譯，它們竟像《魚雁抉微》裏嘲笑的神學著
作，彷彿能和安眠藥比賽功效㊱。塞萬提斯的生氣勃勃、浩瀚流

走的原文和林紓的死氣沉沉、支離糾繞的譯文，孟德斯鳩的"神筆"（《魚雁抉微·序》見《東方雜誌》第一二卷九號）和林紓的鈍筆，成爲殘酷的對照。說也奇怪，同一個哈葛德的作品，後期所譯《鐵盒頭顱》之類，也比前期所譯他的任何一部書來得沉悶。袁枚論詩的"老手頹唐"那四個字（《小倉山房詩集》卷二〇《續詩品·辨微》又《隨園詩話》卷一），完全可以移評後期林譯；一個老手或能手不肯或不復能費心賣力，祇依仗積累的一點兒熟練來搪塞敷衍。前期的翻譯使我們想像出一個精神飽滿而又集中的林紓，興高采烈，隨時隨地準備表演一下他的寫作技巧。後期翻譯所產生的印象是，一個困倦的老人機械地以疲乏的手指驅使着退了鋒的禿筆，要達到"一時千言"的指標。他對所譯的作品不再欣賞，也不甚感覺興趣，除非是博取稿費的興趣。換句話說，這種翻譯祇是林紓的"造幣廠"承應的一項買賣[57]；形式上是把外文作品轉變爲中文作品，而實質上等於把外國貨色轉變爲中國貨幣。林譯前後期的態度不同，從一點上看得出。他前期的譯本大多數有自序或他人序，有跋，有《小引》，有《達旨》，有《例言》，有《譯餘剩語》，有《短評數則》，有自己和別人所題的詩、詞，還有時常附加在譯文中的按語和評語。這種種都對原作的意義或藝術作了闡明或讚賞。儘管講了些迂腐和幼稚的話，流露的態度是莊重的、熱烈的。他和他翻譯的束西關係親密，甚至感情衝動得暫停那支落紙如飛的筆，騰出工夫來擦眼淚[58]。在後期譯本裏，這些點綴品或附屬品大大減削。題詩和題詞完全絕跡；卷頭語例如《孝友鏡》的《譯餘小識》，評語例如

《煙火馬》第二章裏一連串的"可笑"、"可笑極矣"、"令人絕倒"等，也幾乎絕無僅有；像《金臺春夢錄》以北京爲背景，涉及中國的風土掌故，竟絲毫不能刺激他發表感想。他不像以前那樣親熱、隆重地對待他所譯的作品；他的整個態度顯得隨便，竟可以說是淡漠或冷淡。假如翻譯工作是"文學因緣"，那末林紓後期的翻譯頗像他自己所譯的書名"冰雪因緣"了。

林紓是"古文家"，他的朋友們恭維他能用"古文"來譯外國小說，就像趙熙《懷畏廬叟》："列國虞初鑄馬班。"（陳衍《近代詩鈔》第一八册）後來的評論者也照例那樣說，大可不必，祇流露出他們對文學傳統不甚了了。這是一個需要澄清的問題。"古文"是中國文學史上的術語，自唐以來，尤其在明清兩代，有特殊而狹隘的涵義。並非文言就算得"古文"，同時，在某種條件下，"古文"也不一定和白話文對立。

"古文"有兩方面。一方面就是林紓在《黑奴籲天錄·例言》、《撒克遜劫後英雄畧·序》、《塊肉餘生述·序》裏所謂"義法"，指"開場"、"伏脈"、"接筍"、"結穴"、"開闔"等等——一句話，敍述和描寫的技巧。從這一點說，白話作品完全可能具備"古文家義法"。明代李開先《詞謔》早記載"古文家"像唐順之、王慎中等把《水滸傳》和《史記》比美㊴。林紓同時人李葆恂《義州李氏叢刊》裏的《舊學盦筆記》似乎極少被徵引過。一條記載"陽湖派"最好的古文家惲敬的曾孫告訴他："其曾祖子居先生有手寫《〈紅樓夢〉論文》一書，用黃、朱、墨、綠筆，仿震川評點《史記》之法"㊵；另一條說："阮文達極賞《儒林外史》，謂：'作者係安徽望族，所記乃其鄉里來商於揚而起家者，與土著無干。作者一肚皮憤激，藉此發洩，與太史公作謗書，情事相等，故筆力亦十得六七。'傾倒極矣！予謂此書，不惟小說中無此奇文，恐歐、蘇後具此筆力者亦少；明之歸、唐，國朝之方、姚，皆不及遠甚。祇看他筆外有筆，無字句處皆文章，褒貶諷刺，俱從太史公《封禪書》得來。"④簡直就把白話小說和《史記》、八家"古文"看成同類的束西，較量高下，追溯淵源。林紓自己在《塊肉餘生述·序》、《孝女耐兒傳·序》裏也把《石頭記》、《水滸》和"史、班"相提並論。我上文已指出，他還發現外國小說"處處均得古文文法"。那末，在"義法"方面，外國小說本來就符合"古文"，無需林紓轉化它爲"古文"了。

不過，"古文"還有一個方面——語言。祇要看林紓信奉的"桐城派"祖師方苞的教誡，我們就知道"古文"運用語言時受多少清規戒律的束縛。它不但排除了白話，也勾銷了大部分的文言："古文中忌語録中語、魏晉六朝人藻麗俳語、漢賦中板重字法、詩歌中雋語、南北史佻巧語。"④後來的桐城派作者更擴大範圍，陸續把"註疏"、"尺牘"、"詩話"的腔吻和語言都添列爲違禁品④。受了這種步步逼進的限制，古文家戰戰兢兢地循規蹈矩，以求保衛語言的純潔，消極的、像雪花而不像火焰那樣的純潔④。從這方面看，林紓譯書的文體不是"古文"，至少就不是他自己所謂"古文"。他的譯筆違背和破壞了他親手制定的"古文"規律。譬如袁宏道《記孤山》有這樣一句話："孤山處士妻梅子鶴，是世間第一種便宜人！"林紓《畏廬論文·十六忌》之八《忌輕儇》指摘説："'便宜人'三字亦可入文耶！"⑤然而我隨手一翻，看到《滑稽外史》第二九章明明寫着："惟此三十磅亦巨，乃令彼人佔其便宜，至於極地。"又譬如《畏廬論文・拼字法》説"古文之拼字，與填詞之拼字，法同而字異。詞眼纖艷，古文則雅煉而莊嚴耳"，舉了"愁羅恨綺"爲"填詞撏字"的例子。然而林譯柯南達利的一部小説，恰恰題名《恨綺愁羅記》。更明顯地表示態度的是《畏廬論文・十六忌》之一四《忌糅雜》："糅雜者，雜佛氏之言也。……適譯《洪罕女郎傳》，遂以《楞嚴》之旨，掇拾爲序言，頗自悔其雜。幸爲遊戲之作，不留稿。"這節話充分證明了，林紓認爲翻譯小説和"古文"是截然兩回事，"古文"的清規戒律對譯書沒有任何裁判効力或約束作用。其實方苞早批評明末遺老的"古文"有"雜小説"的毛病，其他古文家也都提出"忌小説"的警告⑥。試想翻譯"寫生逼肖"的小説而文筆不許"雜小説"，那不等於講話而緊緊咬住自己的舌頭嗎？所以，林紓並沒有用"古文"譯小説，而且也不可能用"古文"譯小説。

　　林紓譯書所用文體是他心目中認爲較通俗、較隨便、富於彈性的文言。它雖然保留若干"古文"成分，但比"古文"自由得多；在詞彙和句法上，規矩不嚴密，收容量很寬大。因此，"古文"裏絕不容許的文言"儁語"、"佻巧語"像"梁上君子"、"五朵雲"、"土饅頭"、"夜度娘"等形形色色地出現了。白話口語像"小寶貝"、"爸爸"、"天殺之伯林伯"（《冰雪因緣》一五章，"天殺之"即"天殺的"）等也紛來筆下了。流行的外來新名詞——林紓自己

所謂 "一見之字裏行間便覺不韻" 的 "東人新名詞"⑰ —— 像 "普通"、"程度"、"熱度"、"幸福"、"社會"、"個人"、"團體"(《玉樓花劫》四章)、"腦筋"、"腦球"、"腦氣"、"反動之力"(《滑稽外史》二十七章、《塊肉餘生述》一二章又五二章)、"夢境甜蜜"、"活潑之精神"、"苦力"(《塊肉餘生述》一一章又三七章) 等應有盡有了。還沾染當時以譯音代譯意的習氣,"馬丹"、"密司脱"、"安琪兒"、"俱樂部"⑱ 之類連行接頁,甚至毫不必要地來一個 "列底(尊閨門之稱也)"(《撒克遜劫後英雄畧》五章,原文 "Lady"),或 "此所謂'德武忙'耳(猶華言爲朋友盡力也)。"(《巴黎茶花女遺事》,原書一〇章,原文 "du dévouement") 意想不到的是,譯文裏有相當特出的 "歐化" 成分。好些字法、句法簡直不像不懂外文的古文家的 "筆達",倒像懂得外文而不甚通中文的人的狠翻蠻譯。那種生硬的 —— 毋寧説死硬的 —— 翻譯構成了雙重 "反逆",既損壞原作的表達效果,又違背了祖國的語文習慣。林紓筆下居然寫出下面的例句!第一類像

　　侍者叩扉曰:"先生密而華德至。"(《迦茵小傳》五章)

把稱呼詞 "密司脱" 譯意爲 "先生",而又死扣住原文裏的次序,把這個詞兒位置在姓氏之前⑲ 。第二類像

　　自念有一絲自主之權,亦斷不收伯爵。(《巴黎茶花女遺事》,原書五章)

人之識我，恒多詭辭，直敝我耳。（《塊肉餘生述》一九章）

譯"spoils me"爲"敝我"，譯"reçu le comte"爲"收伯爵"，字面上好像比"使我驕恣"、"接納伯爵"忠實。不幸這是懶漢、懦夫或笨伯的忠實，結果產生了兩句外國中文（pidgintranslatorese），和"他熱烈地搖動（shake）我的手"、"箱子裏沒有多餘的房間（room）了"、"這東西太親愛（cher），我買不起"等話柄，屬於同一範疇。第三類像

今此謙退之畫師，如是居獨立之國度，近已數年矣。（《滑稽外史》一九章）

按照文言的慣例，至少得把"如是"兩字移後："……居獨立之國度，如是者已數年矣。"再舉一個較長的例：

我……思上帝之心，必知我此一副眼淚實由中出，誦經本諸實心，布施由於誠意。且此婦人之死，均余搓其目，着其衣冠，扶之入柩，均我一人之力也。（《巴黎茶花女遺事》，原書二六章："…mais je pense que le bon Dieu reconnaîtra que mes larmes étaient vraies，ma prière fervente，mon aumône sincère，et qu'ilaura pitié de celle qui，morte jeune et belle，n'a eu que moi pour lui fermer les yeux et l'ensevelir."）

"均我"、"均余"的冗贅，"着其衣冠"的語與意反（當云"爲着衣冠"，原文亦無此意），都撇開不講。整個句子完全遵照原文秩序，一路浩浩蕩蕩，順次而下，不重新安排組織。在文言語法裏，孤零零一個"思"字無論如何帶動不了後面那一大串詞句，顯得尾大不掉；"知"字雖然地位不那麼疏遠，也拖拉的東西太長，欠缺一氣貫注的勁頭。譯文祇好減縮拖累，省去原文裏"上帝亦必憐彼婦美貌短命"那層詞意。但是，整句的各個子句仍然散漫不够團結；假如我們不對照原文而加新式標點，就會把"且此婦人之死"另起一句。儘管這樣截去後半句，前半句還是接榫不嚴、包紮太鬆，不很過得去。也許該把"上帝之心必知"那個意思移向後去："自思此一副眼淚實由中出，祈禱本諸實心，布施由於誠意，當皆蒙上帝鑒照，且伊人美貌短命，捨我無誰料理其喪葬者，當亦邀上帝悲憫。"這些例子足以表示林紓翻譯時，不僅不理會"古文"的約束，而且常常無視中國語文的習尚。他簡直像《撒克遜劫後英雄畧》裏那個勇猛善戰的"道人"，一換去道袍，就什麼清規都不守了[50]。

在林譯第一部小說《巴黎茶花女遺事》裏，我們看得出林紓在嘗試，在摸索，在搖擺。他認識到，"古文"關於語言的戒律要是不放鬆（姑且不說放棄），小說就翻譯不成。爲翻譯起見，他得藉助於文言小說以及筆記的傳統文體和當時流行的報刊文體。但是，不知道是良心不安，還是積習難改，他一會兒放下，一會兒又擺出"古文"的架子。古文慣手的林紓和翻譯生手的林紓彷彿進行拉鋸戰或蹺板遊戲；這種忽進又退、此起彼伏的情況清楚地表現在《巴黎茶花女遺事》裏。那可以解釋爲什麼它的譯筆比其他林譯晦澀、生澀、"舉止羞澀";緊跟着的《黑奴籲天錄》就比較曉暢明白。古奧的字法、句法在這部譯本裏隨處碰得着。"我爲君潔,故願勿度,非我自爲也",就是一例。原書第一章裏有一節從 "Un jour" 至 "qu'autrefois" 共二百十一個字,林紓衹用十二個字來譯:"女接所歡,嬝,而其母下之,遂病。"要證明漢語比西語簡括,這種例是害人上當的㉛。司馬遷還肯用淺顯的"有身"或"孕"(例如《外戚世家》、《五宗世家》、《呂不韋列傳》、《春申君列傳》、《淮南衡山列傳》、《張丞相列傳》),林紓卻從《說文》和《玉篇》引《尚書·梓材》句"至於嫡婦",摘下了一個斑駁陸離的古字;班固還肯明白說"飲藥傷墮"(《外戚傳》下),林紓卻仿《史記·扁鵲倉公列傳》,惜墨如金地衹用了一個"下"字。這可能就是《畏廬論文》所謂"換字法"了。另舉一個易被忽畧的例。小說裏報導角色對話,少不得"甲說"、"乙回答說"、"丙於是說"那些引冒語。外國小說家常常花樣翻新,以免比肩接踵的"我說"、"他說"、"她說",讀來單調,每每矯揉纖巧,受到修辭教科書的指斥㉜。中國古書報導對話時也來些變化,衹寫"曰"、"對曰"、"問"、"答云"、"言"等而不寫明是誰在開口。更古雅的方式是連"曰"、"問"等都省得一乾二淨,《史通》內篇《模擬》所謂"連續而去其'對曰'、'問曰'等字"㉝。例如:

> "……邦無道,穀,恥也。""克伐怨欲不行焉,可以爲仁矣。"曰:"可以爲難矣。仁則吾不知也。"(《論語·憲問》)

"……則具體而微。""敢問所安?"曰:"姑舍是。"(《孟子·公孫丑》)

佛經翻譯裏往往連省兩次,例如:

"……是諸國土,若算師、若算弟子能得邊際,知其數不?""不也,世尊。""諸比丘,是人所經國土……"(《妙法蓮華經·化城喻品》第七)

"……汝見是學、無學二千人不?""唯然,已見。""阿難,是諸人等……"(同書《授學·無學人記品》第九)

在文言小說裏像:

曰:"金也。……""青衣者誰也?"曰:"錢也。……""白衣者誰也?"曰:"銀也。……""汝誰也?"(《列異傳·張奮》)

女曰:"非羊也,雨工也。""何為雨工?"曰:"雷霆之類也。"……君曰:"所殺幾何?"曰:"六十萬。""傷稼乎?"曰:"八百里。"(《柳毅傳》)

道士問衆:"飲足乎?"曰:"足矣。""足宜早寢,勿誤樵蘇。"(《聊齋志異·勞山道士》)

都是偶然一見。《巴黎茶花女遺事》卻反復應用這個"古文"裏認爲最高雅的方式：

> 配曰："若願見之乎？吾與爾就之。"余不可。"然則招之來乎？"
>
> 曰："然。""然則馬克之歸誰送之？"
>
> 曰："然。""然則我送君。"
>
> 馬克曰："客何名？"配唐曰："一家實瞠。"馬克曰："識之。""一亞猛着彭。"馬克曰："未之識也。"
>
> 突問曰："馬克車馬安在？"配唐曰："市之矣。""肩衣安在？"又曰："市之矣。""金鑽安在？"曰："典之矣。"
>
> 余於是拭淚問翁曰："翁能信我愛公子乎？"翁曰："信之。""翁能信吾情愛，不爲利生乎？"翁曰："信之。""翁能許我有此善念，足以赦吾罪戾乎？"翁曰："既信且許之。""然則請翁親吾額……"

值得注意的是，在以後的林譯裏似乎不再碰見這個方式。第二部有單行本的林譯是《黑奴籲天錄》，書裏就不再省去"曰"和"對曰"了（例如九章馬利亞等和意里賽的對話、二〇章亞妃立和托弗收的對話）。

林譯除迭更司、歐文以外，前期那幾種哈葛德的小説也未可抹殺。我這一次發現自己寧可讀林紓的譯文，不樂意讀哈葛德的原文。也許因爲我已很熟悉原作的内容，而頗難忍受原作的文字。哈葛德的原文滯重粗濫，對話更呆板，尤其冒險小説裏的對話常是古代英語和近代英語的雜拌。隨便舉一個短例。《斐洲烟水愁城錄》第五章："乃以惡聲斥洛巴革曰:'汝何爲惡作劇? 爾非癲當不如是。'" 這是很利落的文言,也是很能表達原文意義的翻譯,然而沒有讓讀者看出原文裏那句話的說法。在原文裏,那句話 (What meanest thou by such mad tricks? Surely thou art mad.) 就彷彿中文裏這樣説:"汝幹這種瘋狂的把戲,於意云何? 汝準是發了瘋矣!"對英語稍有感性的人看到這些不倫不類的詞句,第一次覺得可笑,第二、三次覺得可厭了。林紓的文筆説不上工緻,而大體上比哈葛德的明爽輕快。譯者運用"歸宿語言"超過作者運用"出發語言"的本領,或譯本在文筆上優於原作,都有可能性[54]。最講究文筆的裴德 (Walter Pater) 就嫌愛倫・坡的短篇小説詞句凡俗,祇肯看波德萊亞翻譯的法文本;法朗士説一個唯美派的少年人 (un jeune esthète) 告訴他《冰雪因緣》在法譯本裏尚堪一讀[55]。雖然歌德沒有承認過納梵爾 (Gérard de Nerval) 法譯《浮士德》比原作明暢,祇是傍人附會傳訛[56],但也確有出於作者親口的事例。惠特曼並不否認弗萊理格拉德 (F. Freiligrath) 德譯《草葉集》裏的詩也許勝過自己的英語原作;博爾赫斯甚至讚美伊巴拉 (Néstor Ibarra) 把他的詩譯成法語,遠勝西班牙語原作[57]。惠特曼當然未必能辨識德語的好歹,博爾赫斯對法語下判斷卻確有資格的。哈葛德小説的林譯頗可列入這類事例裏——不用説,祇是很微末的事例。近年來,哈葛德在西方文壇的地位稍稍回升,主要也許由於一位有世界影響的心理學家對《三千年艷屍記》的稱道⑱；英國也陸續出版了他的評傳，說明他在同輩通俗小說家裏比較經得起時間的考驗⑲。水漲船高，林譯可以沾光藉重，至少在評論林譯時，我們免得禮節性地把"哈葛德是個不足道的作家"那類老話重說一遍了。

林紓"譯書雖對客不輟，惟作文則輟"。上文所講也證明他"譯文"不像"作文"那樣慎重、認真。我順便回憶一下有關的文壇舊事。

不是一九三一、就是一九三二年，我在陳衍先生的蘇州胭脂巷住宅裏和他長談。陳先生知道我懂外文，但不知道我學的專科是外國文學，以爲準是理工或法政、經濟之類有實用的科目。那一天，他查問明白了，就慨歎説："文學又何必向外國去學呢！咱們中國文學不就很好麼!"⑳我不敢和他理論，衹擡出他的朋友來擋一下，就説讀了林紓的翻譯小説，因此對外國文學發生興趣。陳先生説："這事做顛倒了！琴南如果知道，未必高興。你讀了他的翻譯，應該進而學他的古文，怎麼反而嚮往外國了？琴南豈不是'爲淵驅魚'麼?"他頓一頓，又説："琴南最惱人家恭維他的翻譯和畫。我送他一副壽聯，稱讚他的畫，碰了他一個釘子。康長素送他一首詩，捧他的翻譯，也惹他發脾氣。"我記得見過康有爲的"譯才並世數嚴林"那首詩㉑，當時急於要聽陳先生評論他交往的名士們，也沒追問下去。事隔七八年，李宣龔先生給我看他保存的師友來信，裏面兩大本是《林畏廬先生手札》，有一封信説：

……前年我七十賤辰，石遺送聯：“講席推前輩；畫師得大年。”於吾之品行文章，不涉一字。［石遺］來書云：“爾不用吾壽文。……故吾亦不言爾之好處。”㉒

這就是陳先生講的那一回事了。另一封信提到嚴復：

……然幾道生時，亦至輕我，至當面詆毀。㉓

我想起康有爲的詩，就請問李先生。李先生說，康有爲一句話得罪兩個人。嚴復一向瞧不起林紓，看見那首詩，就說康有爲胡鬧，天下哪有一個外國字都不認識的“譯才”，自己真羞與爲伍。至於林紓呢，他不快意的有兩點。詩裏既然不緊扣圖畫，都是題外的襯托，那末首先該講自己的古文，爲什麼倒去講翻譯小說？捨本逐末，這是一㉔。在這首詩裏，嚴復祇是個陪客，難道非用“十二侵”韻不可，不能用“十四鹽”韻，來它一句“譯才並世數林嚴”麼？“史思明懂得的道理，安綠山竟不懂！”㉕喧賓奪主，這是二。後來我和夏敬觀先生談起這件事，他提醒我，他的《忍古樓詩》卷七《贈林畏廬》也說：“同時嚴幾道，抗手極能事。”好在他“人微言輕”，不曾引起糾紛。文人好名，爭風吃醋，歷來傳作笑柄，祇要它不發展爲無情、無義、無恥的傾軋和陷害，終還算得“人間喜劇”裏一個情景輕鬆的場面。

林紓不樂意被稱爲“譯才”，我們可以理解。劉禹錫《劉夢得文集》卷七《送僧方及南謁柳員外》說過“勿謂翻譯徒，不爲文雅雄"，就表示一般成見以爲"翻譯徒"是説不上"文雅"的。遠在劉禹錫前，有一位公認的"文雅雄"搞過翻譯——謝靈運。他對"殊俗之音，多所通解"；傳佈到現在的《大般涅槃經》卷首明明標出："謝靈運再治"；撫州寶應寺曾保留"謝靈運翻經臺"古蹟，唐以來名家詩文集裏都有題詠⑯。我國編寫文學史的人對謝靈運是古代惟一的大詩人而兼翻譯家那椿事，一向都視若無覩。這種偏見也並非限於翻譯事業較不發達的中國。歌德評價卡萊爾的《德國傳奇》（German Romance）時，藉伊斯蘭教《古蘭經》的一句話發揮説："每一個翻譯家也就是他本民族裏的一位先知。"（So ist jeder Übersetzer ein Prophet in seinem Volke)⑰他似乎忘記了基督教《聖經》的一句話："一位先知在他本國和自己家裏是不受尊敬的。"（《馬太福音》一三章五七節）近在一九二九年，法國小説家兼翻譯家拉爾波還大聲疾呼，説翻譯者是文壇上最被忽視和賤視的人，需要團結起來抗議，衛護"尊嚴"，提高身份⑱。林紓當然自命爲"文雅雄"，没料想康有爲在唱和應酬的文字社交裏，還不肯口角春風，而衹品定他是個翻譯家；"譯才"和"翻譯徒"，正如韓愈所謂"大蟲"和"老蟲"，雖非同等，總是同類。他重視"古文"而輕視翻譯，那也不足爲奇，因爲"古文"是他的一種創作；一個人總覺得，和翻譯比起來，創作更親切地屬於自己，儘管實際上他的所謂"創作"也許並非自出心裁，而是模仿或改編，甚至竟就是偷天換日的翻譯。讓我們且看林紓評價自己的古文有多高，來推測他對待古文和翻譯的差別有多大。

林紓的翻譯

林紓早年承認不會作詩，陳衍先生《石遺室詩集》卷一《長句一首贈林琴南》記載他：“謂‘將肆力古文詞，詩非所長休索和’。”他晚年要刻詩集，給李宣龔先生的信裏說：

> 吾詩七律專學東坡、簡齋；七絕學白石、石田，參以荆公；五古學韓；其論事之古詩則學杜。惟不長於七古及排律耳。

可見他對於自己的詩也頗得意，還表示門路很正、來頭很大。然而接着是下面的一節：

> 石遺已到京，相見握手。流言之入吾耳者，一一化為雲煙⑥。遂同往便宜坊食鴨，暢談至三小時。石遺言吾詩將與吾文並肩，吾又不服，痛爭一小時。石遺門外漢，安知文之奧妙！……六百年中，震川外無一人敢當我者；持吾詩相較，特狗吠驢鳴。

杜甫、韓愈、王安石、蘇軾等真可憐，原來都不過是“狗吠驢鳴”的榜樣！爲了擡高自己某一門造詣，不惜把自己另一門造詣那樣貶損以至糟蹋，我不知道第二個事例。雖然林紓在《震川集選》裏說翻譯《賊史》時，“竊效”歸有光的《書張貞女死事》⑦，我猜想他給翻譯的地位決不會在詩之上，而很可能在詩之下。假如有人做個試驗，向他說：“不錯！比起先生的古文來，先生的詩的確祇是'狗吠驢鳴',先生的翻譯像更卑微的動物——譬如'癩蟆'吧——的叫聲。"他會怎樣反應呢? 是欣然引爲知音? 還是怫然"痛爭",替自己的詩和翻譯辯護? 這個試驗當然没人做過,也許是無需做的。

註

①　詳見《説文解字詁林》第 28 册 2736－2738 頁。參看《管錐編》論《全上古三代秦漢三國六朝文》第一三五則 "徐爰註《射雉賦》"。

②　參看《管錐編》論《楚辭洪興祖補註》第二則 "虛涵兩意"。

③　喬治・薩維爾（George Savile First Marquess of Halifax）至蒙田（Montaigne）《散文集》譯者考敦（Charles Cotton）書;《全集》,瑞立（W. Raleigh）編本 185 頁。十九世紀德國的希臘學大家威拉莫維茨（Ulrich v. Wilamowitz－Moellendorff）在一種古希臘悲劇希、德語對照本（*Euripides Hippolytus*）弁首的《什麽是翻譯?》（*Was ist Uebersetzen*?）裏,也用了相類的比喻。

④　利奧巴爾迪（Leopardi）《感想雜誌》（*Zibaldone di pensieri*）,弗洛拉（F. Flora）編註本 5 版第 1 册 288－289 頁。

⑤　希萊爾馬訶（Friedrich D. E. Schleiermacher）《論不同的翻譯方法》（*Ueber die verschiedenen Methoden des Uebersetzens*）,轉引自梅理安—蓋那司德（E. Merian－Genast）《法國和德國的翻譯藝術》（*Französische und deutsche Uebersetzungskunst*）,見恩司德（F. Ernst）與威斯（K. Wais）合編《比較文學史研究問題論叢》（*Forschungsprobleme der vergleichenden Literaturgeschichte*,1951）第 2 册 25 頁;參看希勒格爾《語言的競賽》（*Der Wettstreit der Sprachen*）裏法語代表講自己對待外國作品的態度（A. W. Schlegel, *Kritische Schriften und Briefe*,W. Kohlhammer,1962,Bd. I,s. 252）。利奧巴爾

迪講法、德兩國翻譯方法的區別，暗合希萊爾馬訶的意見，見前註④所引同書第 1 冊 289 又 1311 頁。其實這種區別也表現在法、德兩國戲劇對外國題材和人物的處理上，參看黑格爾《美學》（*Aesthetik*），建設（Aufbau）出版社 1955 年版 278–280 頁。

⑥　維耐（J. P. Vinay）與達貝而耐（J. Darbelnet）合著《法、英文體比較》（*Stylistique comparée du français et de l'anglais*，1958）10 頁稱原作的語言爲 "出發的語言"（langue de départ）、譯本的語言爲 "到達的語言"（langue d'arrivée）。比起英美習稱的 "來源語言"（source language）和 "目標語言"（target language），這種説法似乎更一氣呵成。

⑦　《堂·吉訶德》第 2 部 62 章；據馬林（F. R. Marin）校註本第 8 冊 156 頁所引考訂，1591 年兩位西班牙翻譯家（Diego de Mendoza y Luis Zapata）合譯霍拉斯（Horace）《詩學》時，早用過這個比喻。贊寧在論理論著作的翻譯，原來形式和風格的保持不像在文學翻譯裏那麼重要；錦綉的反面雖比正面遜色，走樣還不厲害，所以他認爲過得去。塞萬提斯是在講文藝翻譯，花毯的反面跟正面差得很遠，所以他認爲要不得了。參看愛倫·坡（E. Allan Poe）《書邊批識》（*Marginalia*）説翻譯的 "翻" 就是 "顛倒翻覆"（turned topsy-turvy）的 "翻"，斯戴德門（E. C. Stedman）與沃德培利（G. E. Woodberry）合編《全集》第 7 冊 212 頁。

⑧　"文學因緣" 是蘇曼殊所輯漢譯英詩集名；他自序裏衹講起翻譯的 "訛" ——"遷地勿爲良"（《全集》北新版第 1 冊 121 頁），沒有解釋書名，但推想他的用意不外如此。

⑨　歌德《精語與熟思》（*Maximen und Reflexionen*），漢堡版（Hamburger Ausgabe）14 冊本《歌德集》（1982）第 12 冊 499 頁。參看鮑士威爾（Boswell）1776 年 4 月 11 日記約翰生論譯詩語，見李斯甘（C. Ryskamp）與卜德爾（F. A. Pottle）合編《不祥歲月》（*The Ominous Years*）329 頁，又鮑士威爾所著《約翰生傳》牛津版 742 頁。

⑩　狄士瑞立（I. Disraeli）《文苑搜奇》（*Curiosities of Litera-*

ture），《張獨斯（Chandos）經典叢書》本第 1 册 350 頁引梅那日《掌故録》（*Menagiana*）。

⑪ 聖佩韋（Sainte-Beuve）《月曜日文談》（*Causeries du lundi*）第 14 册 136 頁引沙普倫（Jean Chapelain）的信。十八世紀英國女小説家番尼・伯爾尼幼年曾翻譯法國封德耐爾（Fontenelle）的名著，未刊稿封面上有她親筆自題："用英語來殺害者：番尼・伯爾尼。"（Murthered into English by Frances Burney）—— 見亨姆羅（Joyce Hemlow）《番尼・伯爾尼傳》（*The History of Fanny Burney*）16 頁。詩人彭斯（Robert Burns）嘲笑馬夏爾詩的一個英譯本，也比之於"殺害"（murder），見《書信集》，福格森（J. De Lancy Ferguson）編本第 1 册 163 頁。

⑫ 例如他自讚所譯桓吉爾詩是生平"最精確、最美麗、最高雅"（la plus juste，la plus belle et la plus élégante）的譯作，見前註所引聖佩韋書 130 頁。

⑬ 在評述到林紓翻譯的書籍和文章裏，寒光《林琴南》和鄭振鐸先生《中國文學研究》下册《林琴南先生》都很有參考價值。那些文獻講過的，這裏不再重復。

⑭ 周桂笙的譯筆並不出色；據吳趼人《新笑史・犬車》記載，周説"凡譯西文者，固忌率，亦忌泥"云云，這還是很中肯的話。

⑮ 這篇文章是 1963 年 3 月寫的。

⑯ 原書是 *She*，寒光《林琴南》和朱羲胄《春覺齋著述記》都誤淆爲 *Montezuma's Daughter*。獅爪把鱷魚的喉嚨撕開（rip），像撕裂手套一樣；鱷魚狠咬獅腰，幾乎咬成兩截；結果雙雙喪命（this duel to the death）。

⑰ 普拉兹（M. Praz）《翻譯家的偉大》（*Grandezza dei traduttori*），見《榮譽之家》（*La Casa della fama*）50 又 52 頁。

⑱ 林紓《畏廬文集》裏《冷紅生傳》自稱"木强多怒"，但是他在晚年作品裏，常提到自己的幽默。《庚辛劍腥録》第 48 章那仲光説："吾鄉有凌蔚廬〔'林畏廬'諧音〕者，老矣。其人翻英、法

小説至八十一種，……其人好諧謔。"邴仲光這個角色也是林紓美化的自塑像；他工古文，善繪畫，精劍術，而且"好諧謔"，甚至和强盗廝殺，還邊打架、邊打趣，使在場的未婚妻傾倒而又絶倒（第34章）。《踐卓翁小説》第2輯《寶綠娥》一則説："余筆尖有小鬼，如英人小説所謂拍克者。""拍克"即《吟邊燕語·仙獪》裏的"迫克"（Puck），正是頑皮淘氣的典型。

⑲　例如《孔子世家》寫夾谷之會一節是根據定公十年《穀梁傳》文來的，但是那些生動、具體的細節，像"於旄羽袚、矛戟劍撥，鼓噪而至"、"舉袂而言"、"左右視"等，都出於司馬遷的增飾。

⑳　見《庚辛劍腥録》第33章，《踐卓翁小説》第2輯《洪嫣篁》。前一書所引哈葛德語"使讀者眼光隨筆而趨"，其實出於"迭更先生"《賊史》第17章："勞讀書諸先輩目力隨吾筆而飛騰。"

㉑　參看容與堂本《水滸》第一回李贄《總評》："《水滸傳》事節都是假的，説來卻似逼真，所以爲妙。常見近來文集，乃有真事説做假者，真鈍漢也！"據周亮工《書影》卷一，《琵琶記》的評點實出無錫人葉晝手筆。李贄《續焚書》卷一《與焦弱侯》自言："《水滸傳》批點得其快活，《西廂》、《琵琶》塗抹改竄得更妙。"袁中道《遊居柿録》卷六也記載："見李龍湖批評《西廂》、《伯喈》〔即《琵琶記》〕，極其細密。"錢希言《戲瑕》卷三《贋籍》條所舉葉晝僞撰書目中無《批評琵琶記》。不論是否李贄所説，那幾句話簡明扼要地提出了西洋經典文評所謂"似真"與"是真"、"可能"與"可信"（vraisemblable, vrai; possible, probable）的問題。布瓦洛論事實是真而寫入作品未必似真（Le vrai peut quelquefois n'être pas vraisemblable. —Boileau, *Art Poétique*, III, 48）；普羅斯德論謊話編造得像煞有介事就決不會真有其事（Le vraisemblable, malgré l'idée que se fait le menteur, n'est pas du tout le vrai. —Marcel Proust, *La Prisonniére*, in *A la Recherche du temps perdu*, "La Pléiade", III, p. 179）；可以和李贄的批語比勘。文藝裏的虛構是否成爲倫理上的撒謊，神話是否也屬於鬼話，這是道德哲學的古老問題，參看卜克

(Sissela Bok)《撒謊》(*Lying*, Quartet Books, 1980) 206–209 頁。

㉒　見《黑奴籲天錄·例言》、《冰雪因緣·序》、《孝女耐兒傳·序》、《洪罕女郎傳·跋》、《撒克遜劫後英雄畧·序》等。《離恨天·譯餘剩語》中《左傳》寫楚文王伐隋一節講得最具體。據《冰雪因緣·序》看來，他比能讀外文的助手更會領畧原作文筆："冲叔［魏易］初不着意，久久聞余言始覺。"

㉓　林紓覺得很能控制自己，對原作並不任性隨意改動。《塊肉餘生述》第 5 章有這樣一個加註："外國文法往往抽後來之事預言，故令讀者突兀驚怪，此用筆之不同者也。余所譯書，微將前後移易，以便觀者。若此節則原書所有，萬不能易，故仍其原文。"參看《冰雪因緣》第 26、29、39、49 等章加註："原書如此，不能不照譯之"，"譯者亦衹好隨他而走。"

㉔　吳汝綸《桐城吳先生全書·尺牘》卷一《答嚴幼陵》。斯賓迦（J. E. Spingarn）編註《十七世紀批評論文集》(*Critical Essays of the Seventeenth Century*) 第 1 冊《導言》自 51 頁起論當時的翻譯往往等於改寫；參看馬錫生（F. O. Matthiessen）《翻譯：伊麗沙伯時代的一門藝術》(*Translation : An Elizabethan Art*) 自 79 頁起論諾斯（North），又 121 頁起論弗羅利奧（Florio），都是翻譯散文的例子。瓦勒利（Valéry）語見《桓吉爾〈牧歌〉譯詩》(*Traductionen vers des Bucoliques de Virgile*) 弁言，《詩文集》七星版（1957）第 1 冊 214 頁。

㉕　《十字軍英雄記》有陳希彭《序》說林紓"運筆如風落霓轉，……所難者，不加竄點，脫手成篇"。民國二十七年印行《福建通志·文苑傳》卷九引陳衍先生《續閩川文士傳》也說林紓在譯書時，"口述者未畢其詞，而紓已書在紙，能限一時許就千言，不竄一字"；陳先生這篇文章當時惹起小小是非，參看《青鶴》第 4 卷 21 期載他的《白話一首哭夢旦》："我作畏廬傳，人疑多刺譏。"

㉖　這是光緒三十四年說的話。民國三年《荒唐言·跋》的口氣大變："紓本不能西文，均取朋友所口述者而譯，此海內所知。至

於謬誤之處，咸紓粗心浮意，信筆行之，咎均在己，與朋友無涉也。"助手們可能要求他作上面的聲明。

㉗　《克蘭福鎮往事》（*Cranford*）《幾封舊信》（*Old Letters*）。

㉘　例如《大食故宮餘載‧記阿蘭白拉宮》加註："此又類東坡之黃鶴樓詩"；《撒克遜劫後英雄畧》第 35 章加註："此語甚類宋儒之言"；《魔俠傳》第 4 段 14 章加註："'鐵弩三千隨婚去'，正與此同。"

㉙　見所作 "Sobre el *Vathek* de William Beckford"，in *Otras Inquisiciones*，Alianza Emecee，1979，p. 137。

㉚　豪斯（H. House）《迭更司世界》（*The Dickens World*）51 又 169 頁論迭更司把希望寄託在赤利伯爾這類人物身上。皮爾朋（Max Beerbohm）開過一張表，列舉一般認爲可笑的人物，有丈母娘、懼內的丈夫等，其中一項是："法國人、德國人、意國人……但俄國人不在內。"見克萊（N. Clay）編《皮爾朋散文選》94 頁。

㉛　參看葉斯潑生（O. Jespersen）《近代英語文法》（*Modern English Grammar*）第 1 冊第 2 部分 304 頁。當然，在他所舉德‧昆西、迭更司等例子以前，早有那種用法，如十七世紀奧伯萊的傳記名著裏所謂 "土耳其商人"，就指在土耳其經商的英國人（John Aubrey，*Brief Lives*，ed. O. L. Dick，Ann Arbor Paperbacks，p. 19："Mr Dawes, a Turkey merchant"，p. 26："Mr Hodges, a Turkey merchant"。）。

㉜　原書是 *The White Company*；《林琴南》和《春覺齋著述記》都誤淆爲 *Sir Nigel*。

㉝　雨果《作祖父的藝術》（*L'Art d'être grand-pere*）第 4 卷第 1 首《布封伯爵》（*Le Comte de Buffon*）（"Je contemple, au milieu des arbres de Buffon, / Le bison trop bourru, la babouin trop bouffon"）。

㉞　黃濬《花隨人聖盦摭憶》238 頁："魏季渚（瀚）主馬江船政工程處，與畏廬狎。一日告以法國小説甚佳，欲使譯之，畏廬謝不能；再三强，乃曰：'須請我遊石鼓山乃可。'季渚慨諾，買舟載王子仁同往，强使口授《茶花女》。……書出而衆嘩悦，林亦欣欣。……事在光

緒丙申、丁酉間。"光緒丙申、丁酉是 1896—1897 年；據阿英同志《關於〈茶花女遺事〉》（《世界文學》1961 年 10 月號）的考訂，譯本出版於 1899 年。

㉟　張慧劍《辰子說林》7 頁："上海某教會擬聘琴南試譯《聖經》，論價二萬元而未定。"

㊱　《波斯人書信》（Lettres persanes）第 143 函末附醫生信，德呂克（G. Truc）校註本 260–261 頁。林譯刪去這封附"翰"（《東方雜誌》第 14 卷 7 號）。

㊲　前註㉕所引《續閩川文士傳》："[紓]作畫譯書，雖對客不輟，惟作文則輟。其友陳衍嘗戲呼其室爲'造幣廠'，謂動輒得錢也。"參看《玉雪留痕·序》："若著書之家，安有致富之日？……則哈氏贖貨之心，亦至可笑矣！"

㊳　《冰雪因緣·序》、又 59 章評語："畏廬書至此，哭已三次矣！"

㊴　《李開先集》，路工編第 3 冊 945 頁。參看周暉《金陵瑣事》上記李贄語，胡應麟《少室山房筆叢》卷四一記"巨公"、"名士"語。其他像袁宏道、王思任等相類的意見，可看平步青《霞外捃屑》卷七論"古文寫生逼肖處最易涉小說家數"。錢謙益《初學集》卷三二《王元照集序》："昔有學文於熊南沙者，南沙教以讀《水滸傳》"；《列朝詩集傳》丁九王叔承《君不見·苕川席上戲贈晉陵朱說書》："君不見羅生《水滸傳》，史才別逞文輝爛。……馬遷、丘明走筆端，神機顛倒莊周幻。"這兩節都未見人徵引。

㊵　流傳的歸有光評點《史記》並非真本（參看王懋竑《白田草堂存稿》卷八《跋歸震川〈史記〉》，又陸繼輅《合肥學舍札記》卷一引姚鼐自言所見"震川有《史記》閣本，但有圈點，極發人意"），然而古文家奉它爲天書，"前輩言古文者所爲珍重授受，而不肯輕以示人者"（章學誠《文史通義》內篇一《文理》）。惲敬給予《紅樓夢》以四色筆評點的同樣待遇，可以想見這位古文家多麼重視它的"文"了。

㊶　阮元語想出自李氏收藏的手跡，別處未見過。李氏對《儒林外史》還有保留："《醒世姻緣》可爲快書第一，每一下筆，輒數十行，有長江大河、渾灝流轉之觀。……國朝小説惟《儒林外史》堪與匹敵，而沉鬱痛快處似尚不如。"李慈銘《越縵堂日記補》咸豐十年二月十六日："閱小説演義名《醒世姻緣》者。……老成細密，亦此道中之近理者"；黄公度《與梁任公論小説書》："將《水滸》、《石頭記》、《醒世姻緣》以及太西小説，至於通行俗諺，所有譬喻語、形容語、解頤語，分别鈔出，以供驅使"（錢仲聯《人境廬詩鈔箋註・黄公度先生年譜》光緒二十八年）。這幾個例足够表明：晚清有名的文人學士急不及待，没等候白話文學提倡者打鼓吹號，宣告那部書的"發現"，而早覺察它在中國小説裏的地位了。

㊷　沈廷芳《隱拙軒文鈔》卷四《方望溪先生傳》附《自記》。方苞敬畏的李紱《穆堂别稿》卷四四《古文詞禁八條》是一直被忽畧的文獻，明白而詳細地規定了禁用"儒先語録"、"佛老唾餘"、"訓詁講章"、"時文評語"、"四六駢語"、"頌揚套語"、"傳奇小説"和"市井鄙言"。自稱曾被李氏賞識的袁枚也信奉這些"詞禁"，參看《小倉山房文集》卷三五《與孫俌之秀才書》。

㊸　梅曾亮《柏梘山房文集》續集《姚姬傳先生尺牘序》："先生嘗語學者，爲文不可有註疏、語録及尺牘氣"；吳德旋《初月樓古文緒論》第二條："忌小説、忌語録、忌詩話、忌時文、忌尺牘。"

㊹　推崇方苞的桐城人也不得不承認他的語言很貧薄——"嗇於詞"（劉開《孟塗文集》卷四《與阮芸台宫保論文書》）。

㊺　《朱子語類》卷一二五："老子……笑嘻嘻地，便是個退步佔便宜底人。"這原是"語録"，用字不忌。陳夢錫《無夢園集》馬集卷四《註〈老子〉序》暗暗針對朱熹："老子非便宜人也。……非爲人開便宜門也，老子最惡便宜。"這就是晚明人古文破了"忌語録"的戒了。

㊻　方苞語亦見前註㊷所引沈廷芳文。吳德旋《初月樓古文緒論》評袁枚"文不如其小説"，自註："陳令升曰：'侯朝宗、王于一

其文之佳者尚不能出小説家伎倆，豈是名家！'"按陳氏語見黃宗羲
《南雷文定》後集卷四《陳令升先生傳》。參看彭士望《樹廬文鈔》
卷二《與魏冰叔書》："即文字寫生處，亦須出之正大自然，最忌纖
佻，甚或詭誕，流爲稗官諸史。敝鄉徐巨源之《江變紀畧》、王于一
之《湯琵琶》、《李一足傳》取炫世目，不慮傷品。"李良年《秋錦山
房集》卷三《論文口號》九首之六："于一文章在人口，暮年蕭瑟轉
敧欹；《琵琶》《一足》荒唐甚，留補《齊諧》志怪書。"汪琬《鈍翁
前後類稿》卷四八《跋王于一遺集》："前代之文，有近於小説者，
蓋自柳子厚始，如《河間》《李赤》二傳、《謫龍説》之屬皆然。然
子厚文氣高潔，故猶未覺其流宕也。至於今日，則遂以小説爲古文
詞矣。……亦流爲俗學而已矣！夜與武曾〔即李良年〕論朝宗《馬
伶傳》、于一《湯琵琶傳》，不勝歎息。"王猷定《四照堂集》卷七
《李一足傳》實據"與一足遊最久"的朝程愈《白松樓集畧》卷八
《李一足小傳》改寫。韓愈的另一同夥李翱所作《何首烏録》、《解江
靈》等，也"近於小説"。

⑰　《〈古文辭類纂〉選本·序》；參看朱羲胄《貞文先生年譜》
卷下民國三年記林紓斥"文中雜以新名詞"。清末有些人認爲古文當
然不容許"雜以新名詞"，公文也得避免新名詞。例如張之洞"凡奏
疏公牘有用新名詞者，輒以筆抹之，且書其上曰：'日本名詞！'後
悟'名詞'即新名詞，乃改稱'日本土語'"（江庸《趨庭隨筆》；參
看胡思敬《國聞備乘》卷四）。易順鼎《嗚呼易順鼎》第五篇自記很
蒙張氏器重，但擬稿時用"犧牲"、"組織"兩個"新名詞"，張"便
大怪他"，説他"明明有意與我反對"，從此不提拔他。

⑱　《拊掌録·李迫大夢》譯意作"朋友小會"；《巴黎茶花女
遺事》"此時赴會所尚未晚"是譯原書9章的"Il est temps que j'aille
au club"。

⑲　宗惟惠譯《求鳳記》的《楔言》第3節、第8節等把稱呼
詞譯音，又按照漢語習慣，位置在姓名之後，例如"史列門密司"、
"克倫密司"，可以和"先生密而華德"配對。

○50　《撒克遜劫後英雄畧》20 章："蓋我一擐甲，飲酒、立誓、狎妓，節節皆無所諱。"

○51　林紓原句雖然不是好翻譯，還不失爲雅煉的古文。"嬭"字古色爛斑，不易認識，無怪胡適錯引爲"其女珠，其母下之"，輕藐地説："早成笑柄，且不必論"（《胡適文存》卷一《建設的文學革命論》）。大約他以爲"珠"是"珠胎暗結"的簡省，錯了一個字，句子的確就此不通；他又硬生生在"女"字前添了"其"字，於是緊跟"其女"的"其母"變成了祖母或外祖母，那個私門子竟是三世同堂了。胡適似乎没意識到他抓林紓的"笑柄"，自己着實賠本，付出了很高的代價。關於漢語比西語簡潔，清末有一個口譯上的掌故。"載洵偕水師提督薩鎮冰赴美國考察海軍，抵華盛頓。參觀艦隊及製造廠畢，海軍當局問之曰：'貴使有何意見發表否？'洵答曰：'很好！'翻譯周自齊譯稱曰：'貴國機器精良，足資敝國模範，無任欽佩！'聞者大嘩。……蓋載洵僅一張口，決無如許話也。"（《小説大觀》第一五集陳灨一《睇向齋秘録》）這個道聽途説的故事幾乎是有關口譯的刻板笑話。在十七世紀法國喜劇裏，就有騙子把所謂"土耳其"語兩個字口譯成一大段法語的場面（Ergaste："Oui, le langage turc dit beaucoup en deux mots."—Jean de Rotrou, *La Soeur*, III. iv, *Oeuvres*, Garnier, pp.252−253；Covielle："Oui, la langue turque est comme cela, elle dit beaucoup en peu demots."—Molière, *Le Bourgeois gentilhomme*, IV. iv, *Oeuvres complètes*, "La Société des Belles Lettres", t. , VI, pp.271−272）；十九世紀英國諷刺小説裏一反其道，波斯人致照例成章的迎賓辭（a well-set speech），共一百零七字，口譯者以英語六字了事，英國人答辭祇是一個"哦"（Oh）字（James Morier, *Hajji Baba in England*, ch.15, "The World's Classics", p.85）。

○52　參看亞而巴拉（A. Albalat）《不要那樣寫》（*Comment i ne faut pas écrire*）28−29 頁；浮勒（H. W. Fowler）《現代英語運用法》（*Modern English Usage*）343 頁"習氣"（Mannerism）條，高華士（E. Gowers）增訂本第 2 版 302 頁"倒裝"（Inversion）條，又 533 頁

"説"（Said）條。

㉝　參看《管錐編》論《左傳正義》第六五則。

㉞　參看培茨（E. S. Bates）《近代翻譯》（*Modern Translation*）112頁所舉例。

㉟　班生（A. C. Benson）《裴德評傳》23頁；法朗士（A. France）《文學生活》（*La Vie littéraire*）第1冊178頁。

㊱　見前註⑤所引《比較文學史研究問題論叢》第2冊27頁。

㊲　德老白爾（H. Traubel）《和惠特曼在一起》（*With Walt Whitman in Camden Town*），白拉特來（S. Bradley）編本第4冊16頁；沙蓬尼埃（G. Charbonier）《博爾赫斯訪問記》（*Entrevistas con J. L. Borges*），索萊爾（Martí Soler）西班牙語譯本第3版（1975）11–12頁。

㊳　榮格（C. G. Jung）《現代人尋找靈魂》（*Modern Man in Search of a Soul*）裏那著名的一節已被通行的文論選本採入，例如瑞德（M. Rader）《現代美學論文選》（*A Modern Book of Esthetics*）增訂3版、洛奇（D. Lodge）《二十世紀文評讀本》（*Twentieth-Century Literary Criticism：A Reader*）。

㊴　我看到的有柯恩（M. Cohen）《哈葛德的生平和作品》（*Rider Haggard：His Life and Works*，1960）和愛理斯（P. B. Ellis）《哈葛德：來自大無限的聲音》（*H. Rider Haggard：A Voice from the Infinite*，1978）。都寫得不算好，但都聲稱哈葛德一直保有讀衆。

㊵　好多老輩文人有這種看法，樊增祥的詩句足以代表："經史外添無限學，歐羅所讀是何詩？"（《樊山續集》卷二四《九疊前韻書感》）。他們不得不承認中國在科學上不如西洋，就把文學作爲民族優越感的根據。在這一點上，林紓的識見超越了比他才高學博的同輩。試看王闓運的議論："外國小説一箱看完，無所取處，尚不及黃淳耀看《殘唐》也！"（《湘綺樓日記》民國三年七月二十四日）。這"一箱"很可能就是《林譯小説》，裏面有《海外軒渠録》、《魯濱孫飄流記》以及迭更司、司各德、歐文等的作品。看來其他東方古國

的人也抱過類似態度，龔古爾（Edmond de Goncourt）就記載波斯人說：歐洲人會製鐘錶，會造各種機器，能幹得很，然而還是波斯人高明，試問歐洲也有文人、詩人麼（si nous avons des littérateurs, des poètes）？——《龔古爾兄弟日記》1887 年 9 月 9 日，李楷德（R. Ricatte）編"足本"（Texte intégral）第 15 冊 29 頁。參看莫理阿《哈吉巴巴在英國》54 章，前註⑤所引書 335 頁。

⑥　《庸言》第 1 卷 7 號載《琴南先生寫〈萬木草堂圖〉，題詩見贈，賦謝》："譯才並世數嚴林，百部虞初救世心。喜剩靈光經歷劫，誰傷正則日行吟。唐人頑艷多哀感，歐俗風流所入深。多謝鄭虔三絕筆，草堂風雨日披尋。"林紓原作見《畏廬詩存》卷上《康南海書來索畫〈萬木草堂圖〉，即題其上》。康有為那首詩是草率應酬之作，"日"、"風"兩字重出，"哀感頑艷"四字誤解割裂（參看《管錐編》論《全上古三代秦漢三國六朝文》第六九則"哀感頑艷"。對仗實在粗拙，章法尤其混亂。第五、六句又講翻譯小說；第七句彷彿前面第一、二、五、六句大講特講的翻譯不算什麼，拿手的忽然是詩、書、畫；第八句把"風雨飄搖"省為"風雨"，好像說一到晴天就不用看這幅畫了。景印崔斯哲寫本《康南海先生詩集》卷一二《納東海亭詩》沒有收這首詩，也許不是漏掉而是刪去的。

⑥　朱羲胄《貞文先生學行記》卷二載此聯作："講席推名輩；畫師定大年。"

⑥　《畏廬文集》裏《送嚴伯玉〔嚴復兒子〕至巴黎序》和《尊疑〔嚴復別號〕譯書圖記》推重嚴復，祇是評點家術語所謂"題中應有之義"、不"上門罵人"的"尊題"。《洪罕女郎傳·跋》稱讚嚴復，那纔是破格表示友善。《畏廬詩存》卷上《嚴幾道六十壽，作此奉祝》："盛年苦相左，晚歲荷推致。"坦白承認彼此間關係本來不很和好；據林紓的信以及李先生的話，嚴復"晚歲"對林紓並不怎麼"推致"。嚴復《愈野堂詩集》卷下有為林紓寫的兩首詩。《題林畏廬〈晉安耆年會圖〉》："紓也壯日氣食牛，上追西漢摛文藻。……虞初刻劃萬物情，東野囚才遜雄驚"；《贈林畏廬》："盡有高詞媲漢

始，更搜重譯到虞初。"不直説林紓的古文近法歸有光、方苞等，而誇獎它"上追"《史記》，這大約就使林紓感到"荷推致"了。嚴復顯然突出林紓的古文；也不認爲他用"古文"翻譯小説，像趙熙所説"列國虞初鑄馬班"；又祇把他的翻譯和詩並列爲次要。"囚"一個刻本作"受"字。"漢始"和"虞初"對偶工整，缺陷是不很貼切司馬遷的時代；"愈野堂"命名的來歷想是劉歆《移書讓太常博士》："夫禮失求之於野，古文不猶愈於野乎!"

　　⑭　據林紓《震川集選・序》，康有爲對他的古文，不甚許可，説："足下奈何學桐城!"《方望溪集選・序》所講"某公斥余"，就指那句話。

　　⑮　林紓"好諧謔"的例子。史思明作《櫻桃子》詩，寧可不押韻，不肯把宰相的名字放在親王的名字前面；這是唐代有名的笑話（《太平廣記》卷四九五引《芝田録》，《全唐詩》卷八六九《諧謔》一）。安紹山是《文明小史》四五、四六回裏出現的角色，影射康有爲，雙關康氏的姓（"安康"）和安禄山的姓名，"紹"是"紹述"之意；唐史常説"安史之亂"，安禄山和史思明同夥齊名，一對"叛逆"。林紓稱讚《文明小史》"亦佳絶"，見《紅礁畫槳録・譯餘贅語》；他的《庚辛劍腥録》9章裏有個昆南陔，也是"康南海"的諧音。

　　⑯　慧皎《高僧傳》卷七《慧睿傳》、《慧嚴傳》；《永樂大典》卷二六○三《臺》字下引自唐至元的題詠詩文。

　　⑰　歌德《藝術與文學評論集》（*Schriften zur Kunst und Lite-ratur*），前註⑨所引同書第 12 册 353 頁。

　　⑱　拉爾波（Valery Larbaud）《翻譯家的庇佑者》（*Le Patron des traducteurs*），《全集》迦利瑪（Gallimard）版第 8 册 15 頁。隨便舉幾個十七、八世紀的佐證。索萊爾的有名幽默小説裏説一些人觸口祇好靠譯書、"那椿很卑賤的事"（traduire des livres, qui est une chose très vile. —C. Sorel, *Histoire comique de Francion*, ed. E. Roy, t. II. p. 80）。蒲伯給他朋友一位畫家（C. Jervas）的信裏説自己成爲"一個不足掛齒的人"（a person out of the question），因爲"翻譯者

算不得詩人，正像裁縫不算是人"（a Translator is no more a Poet，than a Taylor is a Man.—Pope, *Correspondence*, ed. G. Sherburn, Vol. I. p.347）；他又説，一位貴人（Lord Oxford）勸他不要譯荷馬史詩，理由是："這樣一位好作家不該去充當翻譯者"（So good a writer ought not to be a translator.—J. Spence, *Anecdotes*, *Observations and Characters of Books and Men*, "Centaur Classics", p.181）。蒲伯的仇人蒙太葛爵夫人給女兒（the Countess of Bute）的信裏談到一位名小説家："我的朋友斯摩萊特把時間浪費在翻譯裏，我爲他惋惜。"（I am sorry my friend Smollett loses his time in translations.—Lady Mary Wortly Montagu, *Letters*, "Everyman's Lib.", p.449）

⑥⑨ "流言"指多嘴多事的朋友們在彼此間搬弄的是非。

⑦⓪ 見《歸震川全集》卷三；同卷《書郭義官事》、《張貞女獄事》也都是有"小説家伎倆"的"古文"。

詩可以怨*

　　到日本來講學，是很大膽的舉動。就算一個中國學者來講他的本國學問，他雖然不必通身是膽，也得有斗大的膽。理由很明白簡單。日本對中國文化各個方面的卓越研究，是世界公認的；通曉日語的中國學者也滿心欽佩和虛心採用你們的成果，深知道要講一些值得向各位請教的新鮮東西，實在不是輕易的事。我是日語的文盲，面對着貴國"漢學"或"支那學"的豐富寶庫，就像一個既不懂號碼鎖、又沒有開撬工具的窮光棍，瞧着大保險箱，祇好眼睜睜地發愣。但是，盲目無知往往是勇氣的源泉。意大利有一句嘲笑人的慣語，說"他發明了雨傘"（ha inventato l'ombrello）。據說有那麼一個窮鄉僻壤的土包子，一天在路上走，忽然下起小雨來了，他湊巧拿着一根棒和一方布，人急智生，把棒撑了布，遮住頭頂，居然到家沒有淋得像落湯雞。

　　* 1980 年 11 月 20 日在日本早稻田大學文學教授懇談會上講稿。《文學評論》1981 年 1 期、《1981 中國文學研究年鑒》都刊登過。這是改定本。

他自我欣賞之餘，也覺得對人類作出了貢獻，應該公諸於世。他風聞城裏有一個"發明品專利局"，就興沖沖拿棍連布，趕進城去，到那局裏報告和表演他的新發明。局裏的職員聽他說明來意，哈哈大笑，拿出一把雨傘來，讓他看個仔細。我今天就彷彿那個上註冊局的鄉下佬，孤陋寡聞，沒見識過雨傘。不過，在找不到屋檐下去藉躲雨點的時候，棒撐着布也還不失爲自力應急的一種有效辦法。

尼采曾把母雞下蛋的啼叫和詩人的歌唱相提並論，說都是"痛苦使然"（Der Schmerz macht Huhner und Dichter gackern）①。這個家常而生動的比擬也恰恰符合中國文藝傳統裏一個流行的意見：苦痛比快樂更能産生詩歌，好詩主要是不愉快、煩惱或"窮愁"的表現和發洩。這個意見在中國古代不但是詩文理論裏的常談，而且成爲寫作實踐裏的套板。因此，我們慣見熟聞，習而相忘，沒有把它當作中國文評裏的一個重要概念而提示出來。我下面也祇舉一些最平常的例來說明。

《論語·陽貨》講："詩可以興，可以觀，可以羣，可以怨。""怨"祇是四個作用裏的一個，而且是末了一個。《詩·大序》並舉"治世之音安以樂"、"亂世之音怨以怒"、"亡國之音哀以思"，沒有側重或傾向哪一種"音"。《漢書·藝文志》申說"詩言志"，也不偏不倚："故哀樂之心感，而歌詠之聲發。"司馬遷也許是最早兩面不兼顧的人。彷彿祇注意到《詩經·園有桃》的："心之憂矣，我歌且謠。"《報任少卿書》和《史記·自序》歷數古來的大著作，指出有的是坐了牢寫的，有的是貶了官寫的，有的是落了難寫的，有的是身體殘廢後寫的：一句話，都是遭貧困、疾病以至刑罰磨折的倒霉人的產物。他把《周易》打頭，《詩三百篇》收梢，總結說："大抵聖賢發憤之所爲作也。"還補充一句："此人皆意有所鬱結。"那就是撇開了"樂"，只強調《詩》的"怨"或"哀"了；作《詩》者都是"有所鬱結"的傷心人或不得志之士，詩歌也"大抵"是"發憤"的歎息或呼喊了。東漢人所撰《越絕書・越絕外傳本事第一》說得更清楚："夫人情泰而不作，……怨恨則作，猶詩人失職，怨恨憂嗟作詩也。"明末陳子龍曾引用"皆聖賢發憤之所爲作"那句話，爲它闡明了一下："我觀於《詩》，雖頌皆刺也——時衰而思古之盛王。"（《陳忠裕全集》卷二一《詩論》）頌揚過去正表示對現在不滿，因此，《三百篇》裏有些表面上的讚歌只是骨子裏的怨詩了。附帶可以一提，擁護"經義"而反對"文華"的鄭覃，苦勸唐文宗不要溺愛"章句小道"，說"夫《詩》之《雅》、《頌》，皆下刺上所爲，非上化下而作"（《舊唐書・鄭覃傳》），雖然是別有用心的讒言，而早已是"雖頌皆刺"的主張了。《公羊傳》宣公十五年"初稅畝"節裏"什一行而頌聲作矣"一句下，何休的《解詁》也很耐尋味。"太平歌頌之聲，帝王之高致也。……獨言'頌聲作'者，民以食爲本也。……男女有所怨恨，相從而歌：饑者歌其食，勞者歌其事。"《傳》文明明只講"頌聲"，《解詁》補上"怨恨而歌"，已近似橫生枝節了；不僅如此，它還說一切"歌"都出於"有所怨恨"，把發端的"太平歌頌之聲"冷擱在腦後。陳子龍認爲"頌"是轉彎抹角的"刺"；何休彷彿先遵照《傳》文，交代了高談空論，然後根據經驗，補究了真況實話："太平歌頌之聲"那種"高致"祇是史書上的理想或空想，而"饑者"、"勞者"的"怨恨而歌"才是生活裏的事實。何、陳兩説相輔相成。中國成語似乎也反映了這一點。樂府古辭《悲歌行》："悲歌可以當泣，遠望可以當歸。"從此"長歌當哭"是常用的詞句；但是相應的"長歌當笑"那類説法卻不經見，儘管有人冒李白的大牌子，作了《笑歌行》。"笑吟吟"的"吟"字不等同於"新詩改罷自長吟"的"吟"字。

司馬遷的那種意見，劉勰曾涉及一下，還用了一個巧妙的譬喻。《文心雕龍·才畧》講到馮衍："敬通雅好辭説，而坎壈盛世；《顯志》、《自序》亦蚌病成珠矣。"就是説他那兩篇文章是"鬱結""發憤"的結果。劉勰淡淡帶過，語氣不像司馬遷那樣强烈，而且專説一個人，並未擴大化。"病"是苦痛或煩惱的泛指，不限於司馬遷所説"左丘失明"那種肉體上的害病，也兼及"坎壈"之類精神上的受罪，《楚辭·九辯》所説："坎壈兮貧士失職而志不平。"北朝有個姓劉的人也認爲困苦能够激發才華，一口氣用了四個比喻，其中一個恰好和南朝這個姓劉人所用的相同。劉書《劉子·激通》："梗柟鬱蹙以成緧錦之瘤，蚌蛤結痾而銜明月之珠，鳥激則能翔青雲之際，矢驚則能逾白雪之嶺，斯皆仍瘁以成明文之珍，因激以致高遠之勢。"（參看《玉臺新咏》卷一〇許瑤之《咏柟榴枕》"端木生河側，因病遂成妍"，"榴"通"瘤"。《太平御覽》卷三五〇引《韓子》："水激則悍，矢激則遠"；《史記·范雎蔡澤列傳》："太史公曰：'然二子不困亻，惡

能激乎’”；又《後漢書‧馮衍傳》上章懷註引衍與陰就書：“鄙
語曰：‘水不激不能破舟，矢不激不能飲羽。’”）後世像蘇軾《答
李端叔書》“木有癭，石有暈，犀有通，以取妍於人，皆物之
病”，無非講“仍瘃以成明文”，雖不把“蚌蛤銜珠”來比，而
“木有癭”正是“梗枏成瘤”②。西洋人談起文學創作，取譬巧合
得很。格里巴爾澤（Franz Grillparzer）說詩好比害病不作聲的
貝殼動物所產生的珠子（die Perle, das Erzeugnis des kranken
stillen Muscheltieres）；福樓拜以爲珠子是牡蠣生病所結成（la
perle est une maladie de l’huître），作者的文筆（le style）卻是
更深沉的痛苦的流露（l’écoulement d’une douleur plus pro-
fonde）③。海涅發問：詩之於人，是否像珠子之於可憐的牡蠣，
是使它苦痛的病料（wie die Perle, die Krankheitsstoff, woran das
arme Austertier leidet）④。豪斯門（A. E. Housman）說詩是一
種分泌（a secretion），不管是自然的（natural）分泌，像松杉的
樹脂（like the turpentine in the fir），還是病態的（morbid）分
泌，像牡蠣的珠子（like the pearl in the oyster）⑤。看來這個比
喻很通行。大家不約而同地採用它，正因爲它非常貼切“詩可以
怨”、“發憤所爲作”。可是，《文心雕龍》裏那句話似乎歷來沒有
博得應得的欣賞。

　　司馬遷舉了一系列“發憤”的著作，有的說理，有的記事，
最後把《詩三百篇》籠統都歸於“怨”，也作爲一個例子。鍾嶸
單就詩歌而論，對這個意思加以具體發揮。《詩品‧序》裏有一
節話，我們一向沒有好好留心。“嘉會寄詩以親，離群託詩以怨。

詩可以怨

至於楚臣去境，漢妾辭宮；或骨橫朔野，魂逐飛蓬；或負戈外戍，殺氣雄邊，塞客衣單，孀閨淚盡；或士有解佩出朝，一去忘反，女有揚蛾入寵，再盼傾國。凡斯種種，感蕩心靈，非陳詩何以展其義？非長歌何以騁其情？故曰：'詩可以群，可以怨。'使窮賤易安，幽居靡悶，莫尚於詩矣！"說也奇怪，這一節差不多是鍾嶸同時人江淹那兩篇名文——《別賦》和《恨賦》——的提綱。鍾嶸不講"興"和"觀"，雖講起"群"，而所舉壓倒多數的事例是"怨"，祇有"嘉會"和"入寵"兩者無可爭辯地屬於愉快或歡樂的範圍。也許"無可爭辯"四個字用得過分了。"揚蛾入寵"很可能有苦惱或"怨"的一面。譬如《全晉文》卷一三左九嬪的《離思賦》就怨恨自己"入紫廬"以後，"骨肉至親，永長辭兮！"因而"欷歔涕流"（參看《文館詞林》卷一五二她哥哥左思《悼離贈妹》："永去骨肉，內充紫庭。……悲其生離，泣下交頸"）。《紅樓夢》第一八回裏的賈妃不也感歎"今雖富貴，骨肉分離，終無意趣"麼？同時，按照當代名劇《王昭君》的主題思想，"漢妾辭宮"絕不是"怨"，少說也算得是"群"，簡直竟是良緣"嘉會"，歡歡喜喜，到胡人那裏去"揚蛾入寵"了。但是，看《詩品》裏這幾句平常話時，似乎用不着那樣深刻的眼光，正像在日常社交生活裏，看人看物都無須熒光檢查式的透視。《序》結尾又舉了一連串的範作，除掉失傳的篇章和泛指的題材，過半數都可以說是"怨"詩。至於《上品》裏對李陵的評語："生命不諧，聲頹身喪，使陵不遭辛苦，其文亦何能至此！"更明白指出了劉勰所謂"蚌病成珠"，也就是後世常說的"詩必窮而後工"⑥。還有一點不容忽畧。同一件東西，司馬遷當作死人的防腐溶液，鍾嶸卻認爲是活人的止痛藥和安神劑。司馬遷《報任少卿書》衹説"舒憤"而著書作詩，目的是避免"姓名磨滅"、"文彩不表於後世"，着眼於作品在作者身後起的功用，能使他死而不朽。鍾嶸説"使窮賤易安，幽居靡悶，莫尚於詩"，强調了作品在作者生時起的功用，能使他和艱辛冷落的生涯妥協相安；換句話説，一個人潦倒愁悶，全靠"詩可以怨"，獲得了排遣、慰藉或補償。隨着後世文學體裁的孳生，這個對創作的動機和效果的解釋也從詩歌而蔓延到小説和戲劇。例如周楫《西湖二集》卷一《吳越王再世索江山》講起瞿佑寫《剪燈新話》和徐渭寫《四聲猿》："真個哭不得，笑不得，叫不得，跳不得，你道可憐也不可憐！所以衹得逢場作戲，没緊没要，做部小説。……發抒生平之氣，把胸中欲歌欲哭欲叫欲跳之意，盡數寫將出來。滿腹不平之氣，鬱鬱無聊，藉以消遣。"李漁《笠翁偶寄》卷二《賓白》講自己寫劇本，説來更淋灕盡致："予生憂患之中，處落魄之境，自幼至長，自長至老，總無一刻舒眉。惟於製曲填詞之頃，非但鬱藉以舒，憴爲之解，且嘗僭作兩間最樂之人。……未有真境之所爲，能出幻境縱橫之上者。我欲做官，則頃刻之間便臻榮貴。……我欲作人間才子，即爲杜甫、李白之後身。我欲娶絶代佳人，即作王嬙、西施之原配。"正像陳子龍以爲《三百篇》裏"雖頌皆刺"，李漁承認他劇本裏歡天喜地的"幻境"正是他生活裏局天蹐地的"真境"的"反"映——劇本照映了生活的反面。大家都熟知弗洛伊德的有名理論：在實際生活裏不能滿足慾望的人，死了心作退一步想，創造出文藝來，起一種替代品的功用（Ersatz für den Triebverzicht），藉幻想來過癮（Phantasiebefriedgungen）⑦。假如說，弗洛伊德這個理論早在鍾嶸的三句話裏稍露端倪，更在周楫和李漁的兩段話裏粗見眉目，那也許不是牽強拉攏，而衹是請大家注意他們似曾相識罷了。

在某一點上，鍾嶸和弗洛伊德可以對話，而有時候韓愈和司馬遷也會說不到一處去。《送孟東野序》是收入舊日古文選本裏給學童們讀熟讀爛的文章。韓愈一開頭就宣稱："大凡物不得其平則鳴。……人聲之精者爲言，文辭之於言，又其精也。"歷舉莊周、屈原、司馬遷、相如等大作家作爲"善鳴"的例子，然後隆重地請出主角："孟郊東野始以其詩鳴。"一般人認爲"不平則鳴"和"發憤所爲作"涵義相同；事實上，韓愈和司馬遷講的是兩碼事。司馬遷的"憤"就是"坎壈不平"或通常所謂"牢騷"；韓愈的"不平"和"牢騷不平"並不相等，它不但指憤鬱，也包括歡樂在內。先秦以來的心理學一貫主張：人"性"的原始狀態是平靜，"情"是平靜遭到了騷擾，性"不得其平"而爲情。《樂記》裏兩句話"人生而靜，感於物而動"，具有代表性，道家和佛家經典都把水因風而起浪作爲比喻⑧。這個比喻也被儒家藉而不還，據爲己有。《禮記·中庸》"天命之謂性"句下，孔穎達《正義》引梁五經博士賀瑒說："性之與情，猶波之與水，靜時是水，動則是波，靜時是性，動則是情。"韓門弟子李翱《復性書》上篇就說："情者，性之動。水汩於沙，而清者渾，性動於情，而善者惡。"甚至深怕和佛老沾邊的宋儒程頤也不避嫌疑："湛然平靜如鏡者，水之性也。及遇沙石或地勢不平，便有湍激，或風行其上，便爲波濤洶湧，此豈水之性也哉！……然無水安得波浪，無性安得情也?"（《河南二程遺書》卷一八《伊川語》）通俗小說裏常用的"心血來潮"那句話，也表示這個比喻的普及。《封神榜》第三四回寫太乙真人靜坐，就解釋道："看官，但凡神仙，煩惱、嗔癡、愛慾三事永忘，其心如石，再不動搖。'心血來潮'者，心中忽動耳。"——"來潮"等於"動則是波"。按照古代心理學，不論什麼情感都是"性"暫時失去了本來的平靜，不但憤鬱是"性"的騷動，歡樂也一樣好比水的"波濤洶湧"、"來潮"。我們也許該把韓愈的話安置在這種"語言天地"裏，才能理解它的意義。他另一篇文章《送高閑上人序》就說："喜怒窘窮，憂悲愉快，怨恨思慕，酣醉無聊，不平有動於心，必於草書焉發之。""有動"和"不平"就是同一事態的正負兩種說法，重言申明，概括"喜怒"、"悲愉"等情感。祇要看《送孟東野序》的結尾："抑不知天將和其聲而使鳴國家之盛耶？抑將窮餓其身，思愁其心腸，而使自鳴其不幸耶！"很清楚，得志而"鳴國家之盛"和失意而"自鳴不幸"，兩者都是"不得其平則鳴"。韓愈在這裏是兩面兼顧的，正像《漢書·藝文志》講"歌詠"時，並舉"哀樂"，而不像司馬遷那樣的偏主"發憤"。有些評論家對韓愈的話加以指摘⑨，看來他們對"不得其平"理解得太狹窄了：把它和"發憤"混淆。黃庭堅有一聯詩："與世浮沉唯酒可，隨人憂樂以詩鳴。"（《山谷內集》卷一三《再次韻兼簡履中南玉》之二）下句的"來歷"正是《送孟東野序》。

他很可以寫"失時窮餓以詩鳴"或"違時佗僚以詩鳴"等等，卻用"憂樂"二字作爲"不平"的代詞，真是一點兒不含糊的好讀者。

韓愈確曾比前人更明白地規定了"詩可以怨"的觀念，那是在他的《荆潭唱和詩序》裏。這篇文章是恭維兩位寫詩的大官僚的，恭維他們的詩居然比得上窮書生的詩，"王公貴人"能"與韋布里閭憔悴之士較其毫釐分寸"。言外之意就是把"憔悴之士"的詩作爲檢驗的標準，因爲有一個大前提："夫和平之音淡薄，而愁思之聲要眇，歡愉之辭難工，而窮苦之言易好也。"早在六朝，已有人說出了"和平之音淡薄"的感覺，《全宋文》卷一九王微《與從弟僧綽書》："文詞不怨思抑揚，則流淡無味。"後來有人乾脆歸納爲七字訣："其中妙訣無多語，祇有銷魂與斷腸。"（方文《塗山續集》卷五《夢與施愚山論詩醒而有作》）爲什麼有"難工"和"易好"的差別呢？一個明末的孤臣烈士和一個清初的文學侍從嘗試地作了相同的心理解答。張煌言說："甚矣哉！'歡愉之詞難工，而愁苦之音易好也'！蓋詩言志，歡愉則其情散越，散越則思致不能深入；愁苦則其情沉著，沉著則舒籟發聲，動與天會。故曰：'詩以窮而後工。'夫亦其境然也。"（《國粹叢書》本《張蒼水集》卷一《曹雲霖詩序》）陳兆崙說得更簡括："'歡娛之詞難工，愁苦之詞易好。'此語聞之熟矣，而莫識其所由然也。蓋樂主散，一發而無餘；憂主留，輾轉而不盡。意味之淺深別矣。"（《紫竹山房集》卷四《消寒八詠·序》）這對詩歌"難工"和"易好"的緣故雖然不算解釋透徹，而對歡樂和憂愁的情味很能體貼入微。陳繼儒曾這樣來區別屈原和莊周：“哀者毗於陰，故《離騷》孤沉而深往；樂者毗於陽，故《南華》奔放而飄飛。”（《晚香堂小品》卷九《郭註莊子敍》）一位意大利大詩人也記録下類似的體會：歡樂趨向於擴張，憂愁趨向於收緊（questa tendenza al dilatamento nell'allegrezza，e al ristringimento nella tristezza）⑩。我們常説：“心花怒放”，“開心”，“快活得骨頭都輕了”，和“心裏打個結”，“心上有了塊石頭”，“一口氣憋在肚子裏”等等，都表達了樂的特徵是發散、輕揚，而憂的特徵是凝聚、滯重⑪。歡樂“發而無餘”，要挽留它也留不住，憂愁“轉而不盡”，要消除它也除不掉。用歌德的比喻來説，快樂是圓球形（die Kugel），愁苦是多角物體形（das Vieleck）⑫。圓球一滾就過，多角體“輾轉”即停，張煌言和陳兆崙都説出了這種區別。

　　韓愈把窮書生的詩作爲樣板；他推崇“王公貴人”也正是擡高“憔悴之士”。恭維而没有一味拍捧，世故而不是十足勢利，應酬大官僚的文章很難這樣有分寸。司馬遷、鍾嶸衹説窮愁使人作詩、作好詩，王微衹説文詞不怨就不會好。韓愈把反面的話添上去了，説快樂雖也使人作詩，但作出的不會是很好或最好的詩。有了這個補筆，就題無剩義了。韓愈的大前提有一些事實根據。我們不妨説，雖然在質量上“窮苦之言”的詩未必就比“歡愉之詞”的詩來得好，但是在數量上“窮苦之言”的好詩的確比“歡愉之詞”的好詩來得多。因爲“窮苦之言”的好詩比較多，從而斷言衹有“窮苦之言”才構成好詩，這在推理上有問題，韓愈犯了一點兒邏輯錯誤。不過，他的錯誤不很嚴重，他也找得着有名的同犯，例如十九世紀西洋的幾位浪漫詩人。我們在學生時代念的通常選本裏，就讀到這類名句："最甜美的詩歌就是那些訴說最憂傷的思想的"（Our sweetest songs are those that tell of saddest thoughts）；"真正的詩歌祇出於深切苦惱所熾燃着的人心"（und es kommt das echte Lied/Einzig aus dem Menschen-herzen,/Das ein tiefes Leid durchgluht）；"最美麗的詩歌就是最絕望的，有些不朽的篇章是純粹的眼淚"（Les plus désespérés sont les chants les plus beaux./Et j'en sais d'immortels qui sont de purs sanglots）⑬。有位詩人用散文寫了詩論，闡明一切"真正的美"（true Beauty）都必然染上"憂傷的色彩"（this certain taint of sadness），"憂鬱是詩歌裏最合理合法的情調"（Melancholy is thus the most legitimate of all the poetical tones）⑭。近代一位詩人認爲"牢騷"（grievances）宜於散文，而"憂傷（griefs）宜於詩"，"詩是關於憂傷的奢侈"（poetry is an extravagance about grief）⑮。上文提到尼采和弗洛伊德。稱賞尼采而不贊成弗洛伊德的克羅齊也承認詩是"不如意事"的産物（La poesia,come è stato ben detto,nasce dal "desiderio insoddisfat-to"）⑯；佩服弗洛伊德的文筆的瑞士博學者墨希格（Walter Muschg 甚至寫了一大本《悲劇觀的文學史》）證明詩常出於隱蔽着的苦惱（fast immer,wenn auch oft verhüllt,eine Form des Leidens）⑰，可惜他沒有聽到中國古人的議論。

沒有人願意飽嘗愁苦的滋味——假如他能够避免；沒有人

不願意作出美好的詩篇——即使他缺乏才情；沒有人不願意取巧省事——何況他並不損害旁人。既然"窮苦之言易好"，那末，要寫好詩就要說"窮苦之言"。不幸的是，"憔悴之士"才會說"窮苦之言"；"妙訣"儘管說來容易，"銷魂與斷腸"的滋味並不好受，而且機會也其實難得。馮舒"嘗誦孟襄陽詩'不才明主棄，多病故人疏'，云：'一生失意之詩，千古得意之句'"（顧嗣立《寒廳詩話》）。白居易《讀李杜詩集因題卷後》："不得高官職，仍逢苦亂離；暮年遷客恨，浮世謫仙悲。……天意君須會，人間要好詩。"作出好詩，得經歷卑屈、亂離等愁事恨事，"失意"一輩子，換來"得意"詩一聯，這代價可不算低，不是每個作詩的人所樂意付出的⑱。於是長期存在一個情況：詩人企圖不出代價或希望減價而能寫出好詩。小伙子作詩"歎老"，大闊佬作詩"嗟窮"，好端端過着閑適日子的人作詩"傷春"、"悲秋"。例如釋文瑩《湘山野錄》卷上評論寇準的詩："然富貴之時，所作皆淒楚愁怨。……余嘗謂深於詩者，盡欲慕騷人清悲怨感，以主其格。"這原不足爲奇；語言文字有這種社會功能，我們常常把說話來代替行動，捏造事實，喬裝改扮思想和情感。值得注意的是：在詩詞裏，這種無中生有（fabulation）的功能往往偏向一方面。它經常報憂而不報喜，多數表現爲"愁思之聲"而非"和平之音"，彷彿鱷魚的眼淚，而不是《愛麗斯夢遊奇境記》裏那條鱷魚的"溫和地微笑嘻開的上下顎"（gently smiling jaws）。我想起劉禹錫《三閣詞》描寫美人的句子："不應有恨事，嬌甚卻成愁。"傳統裏的詩人並無"恨事"而"愁"，表示自己才高，正像傳統裏的美人並無"恨事"而"愁"，表示自己"嬌多"⑲。李贄讀了司馬遷"發憤所爲作"那句話，感慨說："由此觀之，古之賢聖不憤則不作矣。不憤而作，譬如不寒而顫、不病而呻也。雖作何觀乎!"（《焚書》卷三《〈忠義水滸傳〉序》）"古代"是招喚不回來的，成"賢"成"聖"也不是一般詩人願意和能夠的，"不病而呻"已成爲文學生活裏不可忽視的事實。也就是劉勰早指出來的："心非鬱陶，……此爲文而造情也"（《文心雕龍·情采》）；或范成大嘲諷的："詩人多事惹閑情，閉門自造愁如許"（《石湖詩集》卷一七《陸務觀作〈春愁曲〉，悲甚，作此反之》⑳）；恰如法國古典主義大師形容一些寫輓歌（élégie）的人所謂："矯揉造作，使自己傷心。"（qui s'affligent par art）㉑ 南北朝二劉不是說什麼"蚌病成珠"、"蚌蛤結痀而銜珠"麼？詩人"不病而呻"，和孩子生"逃學病"，要人生"政治病"，同樣是裝病、假病。不病而呻包含一個希望：有那麼便宜或僥倖的事，假病會產生真珠。假病能不能裝來像真，假珠子能不能造得亂真，這也許要看各人的本領或藝術。詩曾經和形而上學、政治並列爲三種哄人的頑意兒（die drei Täuschungen）㉒，不是完全沒有原因的。當然，作詩者也在哄自己。

我祇想舉四個例。第一例是一位名詩人批評另一位名詩人。張耒取笑秦觀說："世之文章多出於窮人，故後之爲文者喜爲窮人之辭。秦子無憂而爲憂者之辭，殆出於此耶?"（《張右史文集》卷五一《送秦觀從蘇杭州爲學序》）第二例是一位名詩人的自白。辛棄疾《醜奴兒》詞承認："少年不識愁滋味，愛上層樓，愛上層樓，爲賦新詩强説愁。而今識盡愁滋味，欲説還休，欲説還休，卻道天凉好個秋。"上半闋説"不病而呻"、"不憤而作"；下半闋説出了人生和寫作裏另一種情況，緘默——不論是説不出來，還是不説出來——往往意味和暗示着極（"盡"）厲害的"病"痛，極深切的悲"憤"。第三例是陸游《後春愁曲》，他自己承認："醉狂戲作《春愁曲》，素屏紈扇傳千家。當時説愁如夢寐，眼底何曾有愁事！"（《劍南詩稿》卷一五）——就是范成大笑他"閉門自造愁"。第四例是一個姓名不見經傳的作家的故事。有個李廷彦，寫了一首百韻排律，呈給他的上司請教，上司讀到裏面一聯："舍弟江南没，家兄塞北亡！"非常感動，深表同情説："不意君家凶禍重並如此！"李廷彥忙恭恭敬敬回答："實無此事，但圖屬對親切耳。"這事傳開了，成爲笑柄，有人還續了兩句："只求詩對好，不怕兩重喪。"（陶宗儀《説郛》卷三二范正敏《遯齋閑覽》、孔齊《至正直記》卷四）顯然，姓李的人根據"窮苦之言易好"的原理寫詩，而且很懂詩要寫得具體有形象，心情該在實際事物裏體現（objective correlative）。假如那位上司没有關心下屬、當場詢問，我們這些深受實證主義（positivism）影響的後世研究者，未必想到姓李的在那裏"無憂而爲憂者之辭"。倒是一些普通人看膩而也看破了這種風氣或習氣的作品。南宋一個"蜀妓"寫給她情人一首《鵲橋仙》詞："説盟説誓，説情説意，動便春愁滿紙。多應念得'脱空經'，是那個先生教底？"（周密《齊東野語》卷一一）"脱空"就是虛誑、撒謊㉓。海涅的一首情詩裏有兩句話，恰恰可以參考："世上人不相信什麼愛情火焰，只認爲是詩裏的詞藻。"（Diese Welt glaubt nicht an Flammen，/und sie nimmt's für Poesie)㉔ "春愁"、"情焰"之類也許是作者"姑妄言之"，讀者往往只消"姑妄聽之"，不必碰上"脫空經"，也死心眼地看作紀實錄。當然，"脫空經"的花樣繁多，不僅是許多抒情詩文，譬如有些懺悔錄、回憶錄、遊記甚至於國史，也可以歸入這個範疇。

　　我開頭説，"詩可以怨"是中國古代的一種文學主張。在信口開河的過程裏，我牽上了西洋近代。這是很自然的事。我們講西洋，講近代，也不知不覺中會遠及中國，上溯古代。人文科學的各個對象彼此繫連，交互映發，不但跨越國界，銜接時代，而且貫串着不同的學科。由於人類生命和智力的嚴峻局限，我們爲方便起見，只能把研究領域圈得愈來愈窄，把專門學科分得愈來愈細。此外沒有辦法。所以，成爲某一門學問的專家，雖在主觀上是得意的事，而在客觀上是不得已的事。"詩可以怨"也牽涉到更大的問題。古代評論詩歌，重視"窮苦之言"，古代欣賞音樂，也"以悲哀爲主"㉕；這兩個類似的傳統有沒有共同的心理和社會基礎？悲劇已遭現代"新批評家"鄙棄爲要不得的東西了㉖，但是歷史上佔優勢的理論認爲這個劇種比喜劇偉大㉗；那種傳統看法和壓低"歡愉之詞"是否也有共同的心理和社會基礎？一個謹嚴安分的文學研究者盡可以不理會這些問題，然而無妨認識到它們的存在。在認識過程裏，不解決問題比不提出問題總還進了一步。當然，否認有問題也不失爲解決問題的一種痛快方式。

註

① 《扎拉圖斯脫拉如是説》（*Also Sprach Zarathustra*）第 4 部 13 章，許來許太（K. Schlechta）編《尼采集》（1955）第 2 册 527 頁。

② 參看趙翼《甌北詩鈔》七言律三《聞心余京邸病風卻寄》之二："木有文章原是病，石能言語果爲災"；龔自珍《破戒草》卷下《釋言》："木有彣彰曾是病，蟲多言語不能天。"普魯斯脱的小説裏談起創作，説："想像和思想都可能是良好的機器、但也可能靜止不轉，痛苦也推動了它們"（L'imagination, la pensée peuvent être des machines admirables, mais elles peuvent être inertes. La Souffrance alors les met en marche. … *Le Temps retrouvé*, III, "La Pléiade", vol. III, p. 908）；這也許是用現代機械化語言為 "激通" 所作的好比喻。

③ 墨希格（Walter Muschg）《悲劇觀的文學史》（*Tragische Literatur Geschichte*）3 版（1957）415 頁引了這兩個例。

④ 《論浪漫派》（*Die Romantische Schule*）2 卷 4 節，《海涅詩文書信合集》（東柏林，1961）第 5 册 98 頁。

⑤ 《詩的名稱和性質》（*The Name and Nature of Poetry*），卡特（J. Carter）編《豪斯門散文選》（1961）194 頁。豪斯門緊接説自己的詩都是 "健康欠佳" 時寫的；他所謂 "自然的" 就等於 "健康的，非病態的"。加爾杜齊（Giosuè Carducci）痛罵浪漫派把詩説成情感上 "自然的分泌"（secrezione naturale），見布賽托（N. Busetto）《喬穌埃·加爾杜齊》（1958）492 頁引；他所謂 "自然的" 等於 "信手寫來的，不經藝術琢磨的"。前一意義上 "不自然的（病態的）分泌" 也可能是後一意義上 "自然的（未加工的）分泌"。

⑥ 參看《管錐編》論《全上古三代秦漢三國六朝文》第二三則 "發憤著書"。

⑦ 弗洛伊德《全集》（倫敦，1950）第 14 册 355 又 433 頁。卡夫卡（Franz Kafka）日記説自己愛慕一個女演員，要稱心償願（meine Liebe zu befriedigen），只有通過文學或者同眠共宿（Es ist durch Literatur oder durch den Beischlaf möglich. — *Tagebücher* 1910 - 1923, ed.

M. Brod，S. Fischer，1949，p. 146）。我不知道是否有人引過這句話作爲弗洛伊德理論的最乾脆的實例。

⑧　參看《管錐編》論《全上古三代秦漢三國六朝文》第一三九則"烟火冰水之喻"。

⑨　參看沈作喆《寓簡》卷四、洪邁《容齋隨筆》卷四、錢大昕《潛研堂文集》卷二六《李南澗詩序》、謝章鋋《籐陰客贅》。

⑩　利奧巴爾迪（Leopardi）《感想雜誌》（*Zibaldone di Pensieri*），弗洛拉（F. Flora）編註本 5 版（1957）第 1 冊 100 頁。

⑪　參看拉可夫（G. Lakoff）與約翰遜（M. Johnson）合著《咱們賴以生活的比喻》（*Metaphors We Live By*）（1980）15 頁"快樂上向，憂愁下向"（Happy is up；sad is down）又 18 頁"快樂寬闊，憂愁狹隘"（Happy is wide；sad is narrow）諸例。

⑫　歌德爲孟貝爾（J. Ch. Mämpel）自傳所作序文，辛尼爾（G. F. Senior）與卜克（C. V. Bock）合選《批評家歌德》（*Goethe the Critic*）（1960）60 頁。參看海涅《歌謠集》（*Romancero*）卷二卷頭詩那一首《幸福是個浮浪女人》（*Das Glück ist eine leichte Dirne*），《詩文書信合集》第 2 冊 79 頁。

⑬　雪萊《致雲雀》（*To a Skylark*）；凱爾納（Justinus Kerner）《詩》（*Poesie*）；繆塞（Musset）《五月之夜》（*LaNuit de Mai*）。

⑭　愛倫坡（Edgar Allan Poe）《詩的原理》（*The Poetic Principle*）和《寫作的哲學》（*The Philosophy of Comoposition*），《詩歌及雜文集》（牛津，1945）177 又 195 頁。

⑮　弗羅斯特（Robert Frost）《羅賓遜（E. A. Robinson）詩集序》又《論奢侈》（*On Extravagance*），普利齊特（William H. Pritchard）《近代詩人評傳》（*Lives of the Modern Poets*）（1980）129 又 137 頁引。

⑯　《詩論》（*La Poesia*）5 版（1953）158 頁。

⑰　《悲劇觀的文學史》16 頁。

⑱　參看濟慈給莎拉·杰弗萊（Sarah Jeffrey）的信："英國產

生了世界上最好的作家（the English have produced the finest writers in the world），一個主要原因是英國社會在他們生世時虐待了他們 （the English World has ill-treated them during their lives）"。見濟慈《書信集》（*Letters*），洛林斯（H. E. Rollins）輯註本（1958）第 2 冊 115 頁。

⑲ 吳曾《能改齋漫録》卷一六引王輔道《浣溪沙》："嬌多無事做淒涼"，就是劉禹錫的語意。

⑳ 范成大詩説"多事"，王輔道詞説"無事"，字面相反，而講的是一回事；參看《管錐編》論《左傳正義》第三則。

㉑ 布瓦洛（Boileau）《詩法》（*L'Art poétique*）2 篇 47 行。

㉒ 讓・保爾（Jean Paul），《美學導論》（*Vorschule der Aesthetik*）第 52 節引托里爾特（Thomas Thorild）的話，《讓・保爾全集》（慕尼黑，1965）第 5 冊 193 頁。

㉓ 與"梢空"同意。"經"是佛所説，有"經"必有佛；《宣和遺事》卷上宋徽宗對李師師就説："豈有浪語天子脱空佛？"

㉔ 海涅《新詩集》（*Neue Gedichte*）35 首，《詩文書信合集》第 1 冊 230 頁。

㉕ 參看《管錐編》論《全上古三代秦漢三國六朝文》第二六則"好音以悲哀爲主"。

㉖ 例如羅勃－格理葉（Alain Robbe-Grillet）《新派小説倡議》（*Pour un nouveau roman*）（1963）55 頁引巴爾脱（Roland Barthes）的話，參看 66-67 頁。

㉗ 黑格爾也許是重要的例外，他把喜劇估價得比悲劇高；參看普羅阿（S. S. Prawer）《馬克思與世界文學》（*Karl Marx and World Literature*）（1976）270 頁自註 99 提示的那兩節。費歇爾（F. T. Vischer）也認爲喜劇高於悲劇，是最高的文學品種，參看威律克（R. Wellek）《現代批評史》（*A History of Modern Criticism*）第 3 冊 （1965）220 頁。

漢譯第一首英語詩《人生頌》
及有關二三事 *

　　勃特勒（Samuel Butler）記載他碰見一個意大利男孩子，那孩子問他：“你們英國人準把郎費羅（Longfellow）的詩讀得很多吧？”他答：“不，我們不怎麼讀他的詩。”那孩子詫異道：“那是什麼緣故呢？他是一個很漂亮的詩人（a very pretty poet）呀！”①這位慣持異見的作家顯然過低估計了他本國人的閱讀範圍——或者說，過高估計了他們的鑒別水平。桑塔亞那（George Santayana）旅遊倫敦，到處碰上一些半老不老的單身女士，簡直躲避不了（the inevitable solitary elderly ladies）。有一位和他同席，向他大講郎費羅的詩在英國受人熱愛，“家喻戶曉”（a household poet），正不亞於在美國②。這兩節不大有人注意的掌

---

　　* 這原是我三十五年前發表過的一篇用英語寫的文章，我當時計劃寫一本論述晚清輸入西洋文學的小書，那篇是書中片段。張隆溪同志找到了，建議譯爲中文。我就根據原來的大意重寫。香港《抖擻》1982 第 1 期、北京大學《國外文學》1982 第 1 期、《新華文摘》1982 第 4 期都刊登過。這是改定本。

故都流露出對郎費羅的輕蔑，然而也恰恰證明他真説得上名揚外國，婦稚皆知。那些外國裏也包括我們中國。郎費羅最傳誦一時的詩是《人生頌》（*A Psalm of Life*）；他的標準傳記裏詳述這首詩轟動了廣大的讀衆，產生了深刻的影響，列舉事實爲證，例如一個美國學生厭世想自殺，讀了《人生頌》後，就不尋短見，生意滿腔③。對於這些可誇耀的事例，不妨還添上一項：《人生頌》是破天荒最早譯成漢語的英語詩歌。在一切外語裏，我國廣泛和認真學習得最早的是英語。正像袁枚的孫子所説："中土之人莫不以英國語言爲'泰西官話'，謂到處可以通行。故習外國語言者皆務學英語，於是此授彼傳，家弦户誦。近年以來，幾乎舉國若狂。"④《人生頌》既然是譯成漢語的第一首英語詩歌，也就很可能是任何近代西洋語詩歌譯成漢語的第一首。這首詩有中文譯本，郎費羅是知道的。他是否覺察到在中國引進西方文學的歷史上，他比同用英語寫詩的莎士比亞遠遠領先，也比他自己翻譯的但丁遠遠領先？假如覺察到了，他有何感想？這些都可以引起猜測而也許不值得考究。

　　一八六四年九月英國人福開森（Robert Ferguson）拜訪郎費羅，後來在他的《戰時和戰後的美國》（*America during and after the War*）裏敍述了他愉快的回憶。他描寫詩人的書齋："書桌上攤着贈送來的各國語文書籍——是的，甚至有中國語文。中國人別出心裁，跟我們做法不同；他們的贈書是扇子形，上寫《人生頌》的譯文，出於一位'華國'詩人（a poet of the Flowery Land）的手筆。假如他的譯文能和他的書法一樣好，那就真

是佳作了。"⑤郎費羅一八六五年十一月三十日日記也説："邀蒲
安臣夫婦飯;得中國扇,志喜也(in honor of the Chinese Fan)。
扇爲中華一達官(mandarin)所贈,上以華文書《人生頌》。"⑥
蒲安臣(Anson Burlingame)原是美國駐華公使,任滿以後,清
廷根據"楚材晉用"和"諫逐客"的經典原則,聘請他爲中國欽
差大臣,出使外國(其中有他的本國);同治六年(一八六七)
他率領一滿一漢兩個副使,"賫國書前往西洋有約各國辦理中外
交涉事件"⑦。那位"華國詩人"、"中華達官"是誰,福開森和
郎費羅都没有交代;《郎費羅傳》增訂版的《附録》裏説他是
"Jung Tagen"⑧,彷彿音譯"容大人"三字。下文要引的《人生
頌》譯文和那把"官老爺扇子"(mandarin fan)上面寫的是一
是二,有機會訪問美國而又有興趣去察看郎費羅的遺物的人很容
易找到答案。我袛想舉出中國書籍裏關於郎費羅和《人生頌》的
最早文獻。

方濬師的《蕉軒隨録》刊於同治十一年(一八七二),在他
脱離總理各國事務衙門之後四年⑨;據他到廣東後給老上司董恂
的信看來,他"粤行"以前已寫就那部書的初稿⑩。《蕉軒隨録》
卷十二有標題《長友詩》一條。先把這一條的開首和結尾録出,
加以申説,然後把郎費羅詩原文和"長友詩"並列,便於對照。

　　後漢時莋都夷作《慕化歸義詩》三章,犍爲郡掾田恭訊
風俗,譯辭語,梁州刺史朱輔上之。《東觀漢記》載其歌,並
重譯訓詁爲華言,《范史》所載是也,註則本之《東觀》所録

夷語［詩從畧］。按原作多不可曉，故《范史》謂"遠夷之語，辭意難正，草木異種，鳥獸殊類"也。英吉利使臣威妥瑪嘗譯歐羅巴人長友詩九首，句數或多或少，大約古人長短篇耳；然譯以漢字，有章無韻。請於甘泉尚書，就長友底本，裁以七言絶句。尚書閲其語皆有策勵意，無礙理者，乃允所請。兹録之，以長友作分註句下，仿註《范書》式也。微外好文，或可為他日史乘之採擇歟。詩曰［詩從畧］。按道光間西洋人汗得能漢語，畧解《魯論》文義，介通事楊某謁高要蘇賡堂河帥廷魁，河帥示以詩云："宣尼木鐸代天語，一警愚聾萬萬古。聖人御世八荒集，同文遠被西洋賈。……島夷懷德二百年，樓館鱗比城西偏。中朝不改《旅獒》册，絶域應焚'亞孟'編（彼國經文）。"孔子作《春秋》，諸侯用夷禮則夷之，夷而進於中國則中國之。讀尚書及河帥之詩，可以見兩公之用心矣。

"孔子作《春秋》"那幾句，是韓愈《原道》裏的名言。我猜想"亞孟"是基督徒祈禱時的公式語"amen"。《樂德·慕德·懷德歌》採入《後漢書·南蠻西南夷列傳》，就是方濬師所説《范史》；在"洋務"和"中外交涉"還没有出現的時代，學者舉它爲"外國文章可適於中夏"的著名例子[11]。威妥瑪（Thomas Francis Wade）原是翻譯官出身，據説"破格"提升[12]，貴爲駐華公使，居然不忘舊業。他是英國人，偏偏選擇了美國郎費羅的詩，在意大利小孩子和英國老姑娘之外，可以又添一例。"甘泉尚書"是户部尚書董恂，揚州府甘泉縣人。咸豐十一年（一八六一），清廷設立了“總理各國事務衙門”，簡稱“總署”，相當於外交部；“夫‘外部’者，即‘總署’也；英呼曰‘佛林敖非司’，譯‘佛林’〔foreign〕外國也，‘敖非司’〔office〕，衙門也”⑬。總署開始成立，董恂就是一個主要領導人。他的文集裏有同文館教習美國人丁韙良（W. A. P. Martin）所譯法律和自然科學書籍的序文⑭；那本法律書的序文說：“爰屬定遠方濬師刪校一過。”方濬師自己也說：“《萬國公法》，美國丁韙良所譯，予與陳子敬、李叔彥、毛升甫三君，竭年餘之力，爲之刪削考訂。”⑮方濬師從總署一成立就進去當“章京”，蒲安臣的兩位副欽差志剛和孫家穀原是他的同僚⑯。《郎費羅傳》在一八六四和一八六五年提起“官老爺扇”，正是方濬師作董恂下屬的年限以內。有沒有“Tung Tajen”（董大人）誤作“Jung Tagen”（容大人）的可能呢？大寫 J 和大寫 T 形近致誤，毫不足怪。董恂詩集裏衹有應酬法國貴族的詩，沒收進《長友詩》的譯文⑰；方濬師的著作也早被遺忘，所以他那“可爲他日史乘採擇”的卑微願望不料竟是渺茫的奢望。

在同治、光緒年間，方濬師要算熟悉洋務的開通人士了。今天，我們以後來居上的優越感，只覺得他的議論可笑。他既沿襲中國傳統的民族自大狂，又流露當時有關外國的籠統觀念。把這段話箋釋一下，也許對那個消逝了的時代風氣可以增進些理解。

最值得注意的是，方濬師講翻譯外國文學的用意恰恰把我們翻譯外國文學的用意倒了個兒。按道理，翻譯外國文學，目的是讓本國人有所觀摩借鑒，喚起他們的興趣去欣賞和研究。方濬師的説法剛巧相反，翻譯那首"長友詩"的"用心"是要"同文遠被"，引誘和鼓勵外國人來學中國語文，接受中國文化，"夷而進於中國則中國之"。正像光緒初年，那位足智多能的活動家金安清就想在上海創辦一個"同倫書院"，挑選"東西洋大國裏的秀穎之士，使之自行束脩，謁吾徒而來，請讀中國之書焉，受中國之業焉。……出幽谷而遷喬木，……化彼而爲我"⑱。方濬師對政法、科技等外國書籍的翻譯，顯然不存此想，另眼看待，另案辦理；譬如他删校《萬國公法》，絶非爲了引導外國人"進於中國"，來遵奉《大清律例》。這種區别對待的文化模式並不獨特，例如西方中世紀有並立和對立的"雙重真理"（twofold truth）——"來自啓示的真理"和"得自推理的真理"，現代也有所謂"兩種文化"（two cultures）——"科學家文化"和"人文學家文化"，據説蘇聯還區分"三類科學"（three sciences)⑲。它逐漸明朗化，就像黄遵憲和日本人談話時説："形而上，孔孟之論至矣；形而下，歐米之學盡矣"；又在著作裏寫道："吾不可得而變者，凡關於倫常綱紀者是也。吾可以得而變者，凡可以務財、訓農、通商、惠工者皆是也。"⑳張之洞爲學術二元論定下了一個流行公式："新舊兼學：舊學爲體，新學爲用。"㉑大家承認自然和一部分社會科學是"泰西"的好，中國該向它學，所以設立了"同文館"；同時又深信文學、道德哲學等是我們家裏的好，不必向外國進口，而且外國人領畧到這些中國東西的高妙，很可能歸化，"入我門來"，所以也應該來一個"同倫書院"。翻譯外國作品能使外國作家去暗投明，那把詩扇彷彿是釣餌，要引誘郎費羅嚮往中國。送的人把禮物當釣餌，收的人往往認爲進貢。看來，這一次"用心"枉費，扇子是白賠了。

方濬師説蠻"夷"是"鳥獸殊類"，所以"語不可曉"。這句話在中國有悠久的傳統，"鳥語"早成爲"蠻語"或"夷語"的同義詞㉒。他所引《後漢書》那篇傳裏《哀牢夷》節又説："其母鳥語"；傳末《論》也説："獸居鳥語之類"；同書《度尚傳》："椎髻鳥語之人"，章懷註："謂語聲似鳥也，《書》曰：'島夷卉服'。"王先謙《集解》引錢大昕説"島"當作"鳥"。《魏書·僭晉司馬叡傳》："巴蜀蠻獠，溪俚楚越，鳥聲禽呼，言語不同"；《宋書·良吏傳》徐豁上表："既遏接蠻俚，……又俚民皆巢居鳥語。"《周禮·秋官司寇》早規定"掌與鳥言"和"掌與獸言"的官該派"閩蠻"和"貉狄"去當㉓，正表示蠻夷和鳥獸是能彼此通話的㉔。黄遵憲提倡洋務和西學，然而他作詩時也忍不住利用傳統説法；他在由日本赴美國的海船上，作了一首絶句："拍拍群鷗逐我飛，不曾相識各天涯；欲憑鳥語時通訊，又恐華言汝未知。"㉕試把宋徽宗有名的《燕山亭》詞對照一下："憑寄離恨重重，這雙燕、何曾會人言語！"㉖黄遵憲不寫"人言汝未知"，而寫"華言汝未知"，言外之意是鷗鳥和洋人有共同語言。吴仰賢在同治六年左右，寫了一首詩，詠上海"洋涇浜"的"方言館"，那裏"專聚漢人子弟，教以夷書夷語"："絳帳新懸講舍成，蟲書鳥篆鬬縱橫。生男要學鮮卑語，識得鈎輈格磔聲。"㉗"生男"句用《顏氏家訓·教子》裏的典故，"識得"句正指鳥語，出於李羣玉《九子坂聞鷓鴣》："正穿屈曲崎嶇路，又聽鈎輈格磔聲。"翁同龢曾記載一個讀來發笑的情景："詣總理衙門，羣公皆集。未初，各國來拜年。余避西壁，遥望中席，約有廿餘人，曾侯與作夷語，啁啾不已。"⑱ "啁啾"、"啁晰"、"啁嘐"都是古詩文裏描寫鳥聲的象音。當時中國的出使人員很欽佩曾紀澤會"夷語"："襲侯於英、法二國語言皆能通曉，與其人會晤，彼此寒暄。"⑲英語也罷，法語也罷，到了對洋鬼子遠而避之的翁同龢的耳朵裏，祇是咕咕呱呱、没完没了的鳥叫。話又得説回來，抱有這種偏見的不止中國古人。讀過點西洋文學經典的人馬上會想起，古希臘大喜劇家阿里斯托芬在名作《羣鳥》裏，就把野蠻人的言語説成啁啾的鳥叫⑳。十六世紀法國動物學家吉爾（Pierre Gilles）也説英國人講話，在不懂的人聽來，簡直是鵝叫（si Britanni colloquentes anserum clangore fundere）㉑，而鵝是西方臭名昭著的"呆鳥"！

　　方濬師删訂過美國人丁韙良的譯稿，董恂和丁韙良很友好，丁氏的回憶録裏有專節講他㉒。但是，董、方兩人都稱郎費羅爲"歐羅巴人"。想來威妥瑪没向董恂説明，董恂也没向丁韙良提起譯詩的事，居然那把詩扇——假如它的來頭就是"董大人"而不是另一位"容大人"——竟會正確地送到美利堅的郎費羅手裏！大約董恂當初誤會，到送禮時，已經搞明白"長友"的國籍了，而方濬師恭録上司譯文以後，以訛傳訛，没去追究和追改。這筆糊塗賬也多少表示，當時講洋務的人對西洋的觀念還含混不清，雖然不至於像有些頑固官僚那樣的黑漆一團。汪康年曾有一條記載："通商初，萬尚書青藜云：'天下那有如許國度！想來祇是兩三國，今日稱"英吉利"，明日又稱"意大利"，後日又稱"瑞典"，以欺中國而已！'又滿人某曰：'西人語多不實。即如英、吉、利，應是三國；現在只有英國來，吉國、利國從未來過。'"③當時人對歐洲遠比對美國看重。美國的國際地位還不算很高，它的"顯著的命運"（manifest destiny）還沒有掐算出來，它還夢想不到第一次世界大戰後列入"五強國"，更不用提第二次世界大戰後列入"兩個超級大國"。它派駐英、俄、法、德的公使只是"二等使"，和中國以及日本、秘魯、暹羅、摩納哥等的公使是一輩③。最近，愛好中國建築的美國女財主布洛克·阿斯德夫人（Mrs Brooke Astor）在她的《腳印》（*Footprints*）裏，還回憶起中國人稱呼"美國佬"（a Yankee）爲"二級英國人"（a secondchop English-man）③。當年董恂聽說到一個西洋人，而且是聽英國人說的，首先就以爲他是"歐羅巴人"，這也在情理之中。至於威妥瑪把郎費羅的姓不譯音而譯意，他也許照顧董恂不懂外語，避免佶屈聱牙。那種譯法在威妥瑪本國也曾有過。休謨（David Hume）有封信，就嘲笑一部講古羅馬宮廷的著作把人名地名都譯意而不譯音，例如意譯艷體詩作者安塞爾（Anser）的名字爲"小鵝先生（Mr Go-sling）"③。李·亨特（Leigh Hunt）的一篇散文《音韻與意義》（Rhyme and Reason）裏把意大利詩人托夸吐·塔索（Torquato Tasso）意譯爲"屈曲紫杉樹"（Twisted Yew）③。蘭姆（Charles Lamb）由法國向國內朋友寫信，用法語署名："你的卑下的僕人、羔羊一名蘭姆。"（Votre humble serviteur Charlois Agneau alias C. Lamb）③據說有一位和郎費羅沒會過面的女士想像他是"瘦長個子"（a tall, thin man），又有一個小女孩兒瞧見一隻長腿飛蟲

(daddylonglegs)，趕着它叫"郎費羅先生！(Mr Longfellow!)"㊴
她們正是顧名思議，都把"郎費羅"理解爲"長人"或"長友"。

郎費羅原作	威妥瑪譯文	董恂譯詩
Tell me not, in mournful numbers,	勿以憂時言	莫將煩惱著詩篇
Life is but an empty dream!	人生若虛夢	百歲原如一覺眠
For the soul is dead that slumbers,	性靈睡即與死無異	夢短夢長同是夢
And things are not what they seem.	不僅形骸尚有靈在	獨留真氣滿坤乾
Life is real – life is earnest –	人生世上行走非虛	天地生材總不虛
And the grave is not its goal：	生也總期有用	
	何謂死埋方至極處	由來豹死尚留皮
Dust thou art, to dust returnest,	聖書所云人身原	縱然出土仍歸土
Was not spoken of the soul.	土終當歸土	
	此言人身非謂靈也	靈性常存無絕期
Not enjoyment, and not sorrow,	其樂其憂均不可專務	無端憂樂日相循
Is our destin'd end or way；	天之生人別有所命	天命斯人自有真
But to act, that each tomorrow	所命者作爲專圖日	人法天行强不息
Find us farther than today.	日長進	
	明日尤要更有進步	一時功業一時新
Art is long, and time is fleeting,	作事需時惜時飛去	無術揮戈學魯陽
And our hearts, though stout and brave,	人心縱有壯膽遠志	枉談肝膽異尋常
Still, like muffled drums, are beating	仍如喪鼓之敲	一從薤露歌聲起
Funeral marches to the grave.	皆係向墓道去	邱隴無人宿草荒
In the world's broad field of battle,	人世如大戰場	擾擾紅塵聽鼓鼙
In the bivouac of Life,	如衆軍在林下野盤	風吹大漠草萋萋
Be not like dumb, driven cattle!	莫如牛羊無言待人驅策	駑駘甘待鞭笞下
Be a hero in the strife!	爭宜努力作英雄	騏驥誰能轡勒羈
Trust no Future, howe'er pleasant!	勿言異日有可樂之時	休道將來樂有時
Let the dead Past bury its dead；	既往日亦由己埋己	可憐往事不堪思
Act-act in the glorious present!	目下努力切切	祇今有力均須努

英文	中譯一	中譯二
Heart within, and Godo'er head!	中盡己心上賴天祐	人力殫時天祐之
Lives of great men all remind us	著名人傳看則繫念	千秋萬代遠薰聲
We can make our lives sublime,	想我們在世亦可置身	學步金鰲頂上行
And, departing, leave behind us	高處	
	去世時尚有痕迹	已去冥鴻亦有跡
Footsteps on the sands of time.	勢如留在海邊沙面	雪泥爪印認分明
Footsteps, that, perhaps another,	蓋人世如同大海	茫茫塵世海中漚
Sailingo'er life's solemn main,	果有他人過海	才過來舟又去舟
A forlorn and shipwreck'd	船隻擱淺受難失望	欲問失帆誰挽救
brother,	見海邊有跡才知有可銷免	沙洲遺跡可追求
Seeing, shall take heart again.	顧此即應奮起動身	一鞭從此躍征鞍
Let us then be up and doing,	心中預定無論如何總	不到峯頭心不甘
With a heart for any fate;	有濟期	
Still achieving, still pursuing,	日有成功愈求進功	日進日高還日上
Learn to labor and to wait.	習其用工堅忍不可中止	肯教中道偶停驂

　　威妥瑪的譯文不過是美國話所謂學生應外語考試的一匹"小馬"（pony）——供夾帶用的逐字逐句對譯。董恂的譯詩倒暗合赫爾德（Johann Gottfried Herder）的主張：譯者根據、依仿原詩而作出自己的詩（nachdichten, umdichten）[40]。不幸的是，他根據的並非郎費羅的原詩，祇是威妥瑪詞意格格不吐的譯文——媒介物反成障礙物，中間人變爲離間人。關於譯詩問題，近代兩位詩人講得最乾脆。弗羅斯脱（Robert Frost）給詩下了定義：詩就是"在翻譯中喪失掉的東西"（What gets lost in translation）[41]。摩爾根斯特恩（Christian Morgenstern）認爲詩歌翻譯"祇分壞和次壞的兩種"（Es gibt nur schlechte Uebersetzungen und weniger schlechte）[42]，也就是說，不是更壞的，就是壞的。一個譯本以詩而論，也許不失爲好"詩"，但作爲原詩的複製，它終不免是壞"譯"。像威妥瑪和董恂的"長友詩"，

"詩"够壞了，"譯"更壞，或者説，"譯"壞而"詩"次壞。詩壞該由董恂負責，譯壞該歸咎於威妥瑪。威妥瑪對郎費羅原作是了解透徹的，然而他的漢語表達力很差。詞彙不够，例如"art"不譯爲"藝業"、"術業"而譯爲"作事"；句法不順不妥，有些地方甚至不通費解，例如"由己埋己"（Let the dead Past bury its dead），"看則繫念"（remind us）。爲使意義明白，他添進了闡釋，例如"人生世上行走非虛生也"（Life is real），也多此一舉。懂英語的人看出這匹"小馬"表現得相當馴服聽話，而董恂可憐不懂英語，祇好捧着生硬以至晦澀的漢譯本，捉摸端詳，誤會曲解。單憑這篇譯文，我們很容易嘲笑那位在中國久住的外交官、回英國主持漢文講座的大學教授。不過，漢語比英語難學得多；假如我們想想和他對等的曾紀澤所寫離奇的《中西合璧詩》，或看看我們自己人所寫不通欠順的外語文章，就向威妥瑪苛求不起來了。董恂的譯詩還能符合舊日作詩的起碼條件，文理通，平仄調（第七首裏"已去冥鴻亦有跡"的"亦"字多分是"猶"字之誤），只是出韻兩次。第二首把"六魚"的"虛"字和"四支"的"皮"字、"期"字通押，幸而"虛"字在首句，近體詩容許所謂"孤雁入羣"；第五首把"四支"的"羈"字和"八齊"的"妻"字、"鼙"字通押，"羈"字又在尾句，按那時的標準，就算是毛病了。

第一節第一句"勿以憂時言"的"時"字一定是抄錯或印錯了的"詩"字；威妥瑪不但沒有譯錯，而且沒有寫錯，所以董恂也説"莫將煩惱著詩篇"。威妥瑪的譯文加上新式標點"勿以憂詩言："人生若虛夢'"，正確地轉述了郎費羅的原意，衹是"憂詩"二字生澀難懂；"人生若虛夢"是"憂詩"所"言"的内容，發這種"言"的"詩"是要不得的（"勿以"）。董恂没理會這兩行是一句裏的主語和次語，把威妥瑪的譯文改寫爲平行對照的兩句："莫將煩惱著詩篇，百歲原如一覺眠。"還接上第三句説"同是夢"，完全反背了原意。原意是：人生並非一夢，不應該抱悲觀；董恂説：人生原是一夢，不值得去煩惱。最經濟的局部糾正辦法也許是改換兩個字："百歲休言一覺眠。"衹是緊跟着"莫將"，語調又太重複了。第四節裏心和喪鼓的比喻可能脱胎於十七世紀亨利·金（Henry King）的悼友名作（My pulse, like a soft drum, / Beats my approach, tells thee I come）[43]；波德萊爾（Baudelaire）很賞識它，從郎費羅那裏幾乎原封不動地搬它進自己詩裏（Mon coeur, comme un tambour voilé / Va battant des marches funèbres）[44]。英、法語可用同一字（beat, battre）表達心的怦怦"跳"和鼓的砰砰"敲"，郎費羅和波德萊爾都不費氣力，教那個字一身二任。漢語缺乏這個方便，威妥瑪衹能譯一字相貫爲兩事相比："人心如喪鼓之敲。"董恂索性把"心"和"鼓"都抛開了。第五節裏的比喻曾遭一度著名的語文教授郎士伯利（Thomas R. Lounsbury）指摘，他認爲：在戰場上的"鬬爭"（strife）裏，該"作英雄"，這話説得有道理，但是在露宿營（bivouac）裏會有同樣的"鬬爭"，也得搶"作英雄"，這話説不過去[45]。威妥瑪的譯文把這個語病含糊帶過，因爲他譯成"爭宜努力作英雄"，就彷彿郎費羅原句不是"Be a hero in the strife"，

而是"Strive to be a hero";"爭宜"也很不妥,至少得倒過來爲
"宜爭",文言這裏的"爭"等於白話的"怎","怎宜"是反詰或
慨歎的語氣了。董恂的詩筆把戰場、露營一掃而光,使"牛羊"
變爲"駑駘"——"劣馬"、"疲弱的馬",使"英雄"變爲不受
"羈"的"騏驥"——另一意義的"劣馬"、頑强的馬。第六節裏
原作對照了"死的過去"和"活的現在";在"新名詞"大量流
入以前,文言很難達出這個"成雙的對立"(binary opposition)。
晚明以來有句相傳的名言:"以前種種,譬如昨日死,以後種種,
譬如今日生。"但在漢語裏,"死昨"、"生今"終是過不去的詞組
——當然,對中國語文享有治外法權的洋人、半洋人們盡可以
那樣説和寫。文言裏兼指過去與死亡的常用字是"逝"和"故",
祇是"故"的天然配偶是"新","逝"的天然配偶是"留",都
不是"生";而且搭配上"新"和"留","逝"和"故"涵有的
死亡意義就沖淡甚至沖掉。威妥瑪也許尊重當時的語言習慣,祇
譯爲"既往日"、"目前",而不譯爲"既死之往日"、"方生之當
前"。他忽畧了一點,既然"死"已省去,"埋"又從哪裏説起
呢?無怪董恂乾脆把"埋"也精簡掉。在董恂詩裏,"將來"、
"往"、"今"三個時態平列得清清楚楚;相形之下,威妥瑪譯文
的"異日"、"往日"、"目下"就欠勻稱,我不知道他爲什麼不用
"今日"來代替"目下"。第七、八節海灘沙面留下腳印的比喻也
引起疑問。關漢卿《玉鏡臺》第二折裏男角看見女角在"沙土上
印下的腳踪兒",就説:"幸是我來的早!若來的遲呵,一陣風吹
了這腳踪兒去。"印在海灘沙面上的痕跡是更短暫、更不耐久的。

十六、七世紀歐洲抒情詩裏往往寫這樣的情景：彷彿《紅樓夢》第三十回椿齡畫"薔"，一男或一女在海灘沙面寫上意中人的名字，衹是倏忽之間，風吹（un petit vent）浪淘（the waves，l'onde），沙上沒有那個字，心上或世上也沒有那個人了[46]。英語經典裏最有名的海灘腳印也許是魯賓遜勘探荒島時所發現的，他嚇得心驚肉跳，竟以爲是魔鬼搞的把戲，要不然，沙上的痕跡是保留不住的，風吹海漲，早消滅得無影無踪（entirely defaced）[47]。在《潮上、潮退》（*The Tide Rises，the Tide Falls*）那首小詩裏，郎費羅自己寫"海浪用柔白的手，抹掉沙上的腳印"（The little waves，with their soft white hands，/Efface the footprints in the sands）；在他這首詩裏，沙灘腳印卻有點兒像咱們蘇州靈巖山石上古代美人西施留下的巨大腳印了。董恂詩裏藉用蘇軾《和子由澠池懷舊》的名句，也很現成，但他忘了上文該照顧到下文。"痕跡留在海邊沙面"，雖然煞費辯解，卻和下文"見海邊有跡纔知有可解免"語脈一貫相承。"雪泥爪印認分明"和"沙洲遺跡可追求"就對不上口。一來雪泥鴻印和沙洲人跡絕然是兩回事；二來泥印是"認分明"，不用尋尋覓覓，沙跡是"可追求"，等於"待追求即可發現"。是不是理解爲"可據以作進一步追求"呢？那得改"可"爲"足"纔行。

董恂不過譯了一首英語詩，譯筆又不好，但是我們衹得承認——儘管已經忘記——他是具體介紹近代西洋文學的第一人。和他相熟的中國通帕克（H. E. Parker）在回憶錄裏沒提起他翻譯郎費羅的事，衹講他幹了一樁我們現在還得驚訝爲規模弘大的翻譯工作。"董恂是一位名詩人（a renowned poet），威妥瑪爵士一下子就把他的詩火（sacred fire）點着了；我相信北京社會都曾忍受過他的《哈羅而特公子》的譯本"（I believe he has inflicted upon the Peking World a translation of "Childe Harold"）㊽。就是說他譯過拜倫的巨著。董恂雖有詩集，而且他那位揚州府同鄉符葆森選過他的詩㊾，但在當時算不得詩人。不過，外國人看來，寫幾句詩的大官不用說是"名詩人"。帕克似乎承認他是詩人，祇暗示他的翻譯一定不好，讀來祇會受罪。威妥瑪無疑曾引起董恂對英語詩歌的興趣，《人生頌》的翻譯正是"點着了他的詩火"的結果。然而董恂要譯拜倫的行數那末多的長詩，得找人供給像《長友詩》那樣的底稿，威妥瑪未必有此功夫，更未必有此耐心和熱忱，當時同文館的學生也肯定没有足够的英語程度。所以，我懷疑董恂是否真有一部使他的同僚或下屬硬着頭皮、咬緊牙關去"忍受"的拜倫譯稿。帕克的"相信"也許缺乏事實根據，至於他說董恂由威妥瑪而接觸西洋文學，那倒是有憑有據的。我們看到的祇是他譯的郎費羅，他很可能又聽説起拜倫或其他詩人。

　　董恂以相當於外交部當家副部長的身份，親手翻譯了西洋文學作品。中國最早到外國去的使節又都是在他主持下派出的。這就引起幻想，以爲從此上行下效，蔚然成風，清廷的出使人員有機會成爲比較文學所謂"媒介者"（intermediary），在"發播者"（transmitter）和"收受者"（receptor）之間，大起搭橋牽綫的作用。何況那時候的公使和隨員多數還不失爲"文學之士"，對外國詩文不會缺乏獵奇探勝的興味。我們來瞧罷。

在嘉慶八年（一八〇三）刊行的一部書裏，繆艮發表了他的《四十二願》，第十一願是："出使外都，遍歷異域。"⑩這個筆硯生涯的寒士可能是清代要出洋當外交官的第一人；遠在鴉片戰爭以前，他已有那個慾望，真是時代的先驅者了！也許他正因爲是窮愁潦倒的寒士，才夢想出洋。六十多年後，清廷開始派使節到西洋去，做官的人就是不"願出使外都"。他們深怕欽差的紗帽落在自己頭上，認爲這趟差使非常危險，凶多吉少，不是在路上海洋裏翻船淹死，就是到了外國給洋鬼子殺死或扣留。被派的人嘴裏感戴天恩，心裏暗暗叫苦歎晦氣。我們衹要看《兒女英雄傳》第四十回安公子"高升"爲烏里雅蘇台參贊，"頂門上轟的一聲，心不住的向上亂迸，淚如雨下"，同時"預備謝恩"，就大可以推類想像。慈禧太后金口玉音說過："這出洋本是極苦差事。"（郭嵩燾光緒二年七月十九日日記手稿）同治五年（一八六六）首次出使的欽差斌椿事畢歸國，安抵天津，表示想不到竟能活着回來："自天外歸來，重視故鄉景物，真有'生入玉門'之樂？"⑪同治六年第二次派使節，副使志剛到養心殿"叩謝聖主天恩"，皇太后問："汝有老親否？"奏對："奴才父母皆已去世。"⑫一問一對衹兩句話，言外之意卻很豐富。出洋是九死一生的勾當，而中國"以孝治國"，主子少不了口頭照顧一下"父母在，不遠遊"的古訓；至於"奴才"的老婆和孩子是否會成爲寡婦孤兒，那就管不盡許多了。光緒二年（一八七六）郭嵩燾出使英、法，這位自負通曉洋務的維新派碰上好機會了，而心境似乎並不

舒暢；他動身前自比出塞的王昭君，任滿回國後自比入玉門關的
班超："漢宮何緣嫁娉婷！淚珠飛墮鴛鴦屏。豐容靚飾不自媚，
莫怨遠棄單于庭"；"投荒已分無歸日，何意生還入玉門！"㊼光緒
四年敕建上海天后宮，駐外公使和下屬捐錢造成那所廟宇㊽，便
於出使人員虔求有靈有驗的天后娘娘，保佑他們無災無難，好去
好回；公使等出國前，到廟裏許願祈禱，回國後，到廟裏還願，
上匾額，掛對聯。光緒八年駐德使館隨員錢德培發了一通感慨，
坦白說出心裏話："王子聰茂才……病歿館中。……王君藹然仁
者，爲養親計，作異域遊，不一年而赴召修文，可不死而死於醫
之不善治理，良可悲也！出洋之苦而人每視爲畏途，於此益
信。"㊿晚清直刮到現在的出洋熱那股狂風並非一下子就猛得飛砂
走石，"開洋葷"當初還是倒胃口的事。張祖翼曾在光緒十二年
充當駐英公使劉瑞芬的隨員，晚年回憶說："郭嵩燾使英倫，求
隨員十餘人，無有應者。豈若後來一公使奉命後，薦條多至千餘
哉！邵友濂隨崇厚使俄國〔光緒四年〕，同年餞於廣和居，蔣綏
珊戶部向之垂淚，皆以此宴無異易水之送荊軻也。"㊿王昭君、班
定遠之外，又請出了荊軻，可能蘇子卿、蔡文姬等典故也曾給人
牽扯過。

　　除掉翻譯官以外，公使、參贊、隨員一般都不懂外語。他
們就像王韜在英國時自歎的詩句所描畫："口耳俱窮惟恃目，喑
聾已備慮兼盲。"自註："來此不解方言，故云。"㊿他們運用
"目"的範圍實在也不很寬廣。辜鴻銘講過一個故事，結尾如下：
"少年曰：'我不識字。'土財主駭問曰：'曩何以見若手不釋卷，

終日看書耶?'少年答曰:'我非看書,看書中之畫耳。'噫!今中國王大臣出洋考察憲政,亦可謂之出洋看洋畫耳!"⑱ 爲了日常需要,他們也學點兒外語,但大致不會超出"救命詞彙"(survival kit)。語言的困難必然阻礙了對文學的領會,而且也竟抑止了對文學的好奇。他們中間多的是文人詩人或愛作詩文的人,最先出使的斌椿就是一位滿洲小名士⑲。他"乘槎"出洋,不但到處賦詩賣弄,而且向瑞典"太坤"(王太后)獻詩"爲壽",據他自己說,他的詩"遍傳海國";他的翻譯官也恭維說:"斌公之詩傳五洲,亦猶傳於千古也。"⑳ 他的一卷《海國勝遊草》比打油詩好不了許多;偶爾把外國字的譯音嵌進詩裏,像"彌思(自註:譯言女兒也〔miss〕)小字是安拏,明慧堪稱解語花"㉑,頗可上承高錫恩《夷閨詞》,下啓張祖翼《倫敦竹枝詞》㉒。不知道是否由於他"遍傳海國"的詩名,後來歐洲人有了一個印象,"謂中國人好賦詩;數日不見,輒曰:'近日作詩必多矣!頃復作耶?'"㉓ 公使裏像郭嵩燾的詩和古文、張蔭桓的詩和駢文,都不愧名家,薛福成的古文也過得去。曾紀澤作得很好的詩,又懂英語,還結合兩者,用不通的英語翻譯自己的應酬詩。參贊裏的黃遵憲更是開派的大詩人,黎庶昌作古文不亞於薛福成。這些中國詩人文人彷彿"只掃自己門前雪",把隔了一堵語言牆壁的西洋詩文看成"他家瓦上霜",連撿起一點兒道聽途說的好奇心都沒有。倒是一個忌妒郭嵩燾文名的迂俗官僚,留下了幾句絕無僅有的西洋詩話:"有以英語爲詩者,句法長短不一,葉以音韻;男女從事於此,往往匯稿成帙,號稱'詩人'。"㉔ 末兩句語中帶刺,所指可以不限於當時的英國"男女子"。不論是否詩人文人，他們勤勉地採訪了西洋的政治、軍事、工業、教育、法制、宗教，欣奮地觀看了西洋的古跡、美術、雜耍、戲劇、動物園裏的奇禽怪獸。他們對西洋科技的欽佩不用說，雖然不免講一通撐門面的大話，表示中國古代也早有這類學問。祇有西洋文學——作家和作品、新聞或掌故——似乎未引起他們的飄瞥的注意和淡漠的興趣。他們看戲，也像看馬戲、魔術把戲那樣，祇"熱鬧熱鬧眼睛"（語出《兒女英雄傳》三十八回），並不當作文藝來觀賞，日記裏撮述了劇本的情節，卻不提它的名稱和作者。⑥⑤

有兩個外交官，頗可作爲代表性的例子。

一個是李鳳苞。他的《使德日記》裏有以下一節：

送美國公使美耶台勒之殯。……美國公法師湯謨孫誦誄曰："美公使台勒君去年創詩伯果次之會。……以詩名，箋註果次詩集尤膾炙人口。"……按果次為德國學士巨擘，生於乾隆十四年。十五歲入來伯吸士書院，未能卒業。往士他拉白希習律，兼習化學、骨骼學三年。考充律師。著《完舍》書。二十三歲、薩孫外末公聘之掌政府。編纂昔勒詩以為傳奇，又自撰詩詞，並傳於世。二十七歲遊羅馬、昔西里而學益粹。乾隆五十七年與於湘濱之戰。旋相外末公，功業頗著。俄王贈以愛力山得寶星，法王贈以十大字寶星。卒於道光十二年⑥⑥。

美耶・台勒就是《浮士德》的著名譯者（Bayard Taylor）；

果次一稱俄特⑰，正是歌德；《完舍》就是《少年維特》。李鳳苞
學過一些英語⑱，所以把"歌德"、"維特"都讀成英語的聲音。
歌德早在一七九〇年寫的詩裏自誇説，中國人用小心翼翼的手筆
把"完舍"和情婦的形象畫在玻璃上（auch sogar der Chinese/
Malet，mit angstlicher Hand，Werthern und Lotten auf Glas）⑲。
假如真有其事，那末中國人就彷彿看竹不問主人，吃"盤中餐"
而忘掉了"農家"，對"完舍"的創造者一直無視或無禮地無知。
李鳳苞顯然全不知道本國有過那種仕女畫，但他總算知道了外國
有過這位詩人⑳。歷來中國著作提起歌德，這是第一次；當時中
國駐西洋外交官著作詳述所在國的大詩人，這是惟一次，像郭嵩
燾、曾紀澤、薛福成的書裏都隻字没講起莎士比亞㉑。光緒七
年，黎庶昌在西班牙當參贊，正碰上"加爾得隴"（Calderon）
的"百年大會"，受到官方邀請，禮該參加。他花了近二千字去
描寫儀式和節目，關於這位"才人"，祇説："以能詩及善撰戲曲
稱，始爲兵，繼爲日主召入宫中，作侍從之臣，終爲教士"，而
且批評這次盛會："竟是小題大做！"㉒黎庶昌的輕藐的口吻，和李
鳳苞鄭重看待歌德的態度，成爲鮮明的對照。事實上，歌德還是
沾了美耶·台勒的光，台勒的去世才給他機會在李鳳苞的日記裏
出現。假如翻譯《浮士德》的台勒不也是德國公使而又不在那一
年死掉，李鳳苞在德國再耽下去也未必會講到歌德。假如歌德光
是詩人而不也是個官，祇寫了《完舍》書"和"詩賦"，而不曾高
居"相"位，榮獲"寶星"，李鳳苞引了"誄"詞之外，也未必會
特意再開列他的履歷。"紗帽底下好題詩"原是中國的一句老話

（《鏡花緣》十八回），手裏這管筆佔着頭上那頂紗帽的便宜⑬。現任的中國官通過新死的美國官得知上代的德國官，官和官之間是有歌德自己所謂"選擇親和勢"（Wahlverwandtschaften）的。

另一位外交官是張德彝。他是"習英、美文出洋最先者"，據說"從不以通洋務自炫"⑭。清廷初派外交使節，他就"躬逢其始"⑮；他出洋的次數最多，先後在外國住的年份最久。他精通英語，原是同文館高才生，曾被選爲光緒帝的英語教師⑯，在倫敦的集會上，"未經預備"而即席演講，能博得"衆齊聲高呼'喜耶！喜耶！〔Hear! Hear!〕'"⑰他既有運用外語的本領，又有遇事留心的習慣，對外國的制度、風俗、衣食住行，無不切實調查，詳細記録⑱。當時的日本人都很佩服他的《四述奇》："中人記西學，無出斯書之右者！……〔以與日人《歐米回覽記》照觀〕，歐米萬里，瞭如掌紋。"⑲甚至街巷的新事趣聞，他也談得來頭頭是道，就只絶口不談文學，簡直像一談文學，"舌頭上要生碗大疔瘡"似的。不，他也談過文學："英國有種小説，與我國《鏡花緣》相同，亦謂有大人國、小人國，亦不言屬何地。人皆以爲妄言。按二十年前，英人司丹里自中斐洲之東界……向西直行，……而遇小人國，亦有酋長，遂名曰'皮戛米'〔pygmies〕，譯爲矮也、短小也。"⑳所講一定是《格利佛遊記》。誰都知道那部書是諷世的"寓言"，張德彝卻說"人皆以爲妄言"，於是天真地找出人類學資料，證明它所"言"不"妄"。換句話說，它就像這位公使自己所寫的一系列遊記，是出洋"述奇"，而不是漫天撒謊了。當他在倫敦寫下這個幼稚意見時，一句洋文不

懂、一輩子没出過洋的林紓和大學没畢業的魏易在中國正翻譯
《格利佛遊記》呢。光緒三十二年林紓的《海外軒渠録》序文和
光緒三十一年張德彝那節日記大可對讀一下㉛。兩人中誰比較了
解西洋文學，我認爲不難判斷。

　　光緒八年（一八八二）四月有個不知姓名的人從日本横濱
到美國舊金山去，留下了航程十六天的《舟行紀畧》。作者没表
明自己的身份，也没講起旅行的目的；他出人意外地評論了郎費
羅的詩，還把它和唐詩來較量。這也許是中國有關郎費羅最早的
文評，和方濬師的《長友詩》時間上相去不到二十年，精神上隔
離得真如老話所謂"不可以道里計"了。

　　［壬午四月］十一日。因雨不能船面遠眺，遂隨手取案
　　頭之書披閲。……爲美國詩人龍飛露詩集，竟日觀玩，頗得
　　詩中佳趣。十二日。……船中有英國天主教士史編沙，適到
　　閑談。因問史君："龍飛露爲美國詩人，至英國亦有詩人拜倫，
　　均爲歐人傳誦。未審二子詩學孰優？"史君謂："二子以能詩名
　　於時，難分伯仲。惟拜倫詩多靡曼之聲，未得風雅之正。究
　　不若龍飛露詩感慨激昂，雄健絶倫，淋灕盡致也。子以爲然
　　歟？"余謂龍詩中如《開窗》一詩與中國唐詩"人面不知何處
　　去"相似。《炮局》二首則有"一將功成萬骨枯"遺音；傷時
　　之作，可爲爭地爭城以戰者當頭一棒地。《漏沙》一首與"今
　　人不見古時月，今月曾經照古人"，一同寄慨，其神致逼肖李
　　青蓮。按漏沙者，取埃及平原之沙注水作漏，以記時刻；夫

> 埃及一境為歐洲諸國鼻祖，立國最古，此沙曾為西國先賢踐
> 踏，故龍君撫今思昔，感慨係之也。集中傑作甚多，未能枚
> 舉。長體由數百韻至數十韻，氣如湧泉而明白暢曉，想元、
> 白亦視為畏友。聞龍君於數月前已作古人，或白玉樓成，亦
> 須異才作序耶！⑫

現在看來，這段一百年以前的評論也許是老生常談，卻絕不是無
知亂說。無論如何，會直接欣賞郎費羅而也會讀唐詩——哪怕
所舉具體例子不出《唐詩三百首》，會讀唐詩而也會直接欣賞外
語詩——哪怕衹是欣賞郎費羅，在一百年前（是否也在今天？）
終是值得表揚的事。評論把郎費羅和拜倫並舉，正如董恂曾譯郎
費羅，而人家傳說他譯拜倫，都表示拜倫的詩名那時也傳到中
國。可惜《舟行紀畧》的作者是誰，無從查明。他似乎不知道
"龍飛露"的詩早在"長友"名下輸入中國了。

西洋的大詩人很多，第一個介紹到中國來的偏偏是郎費羅。
郎費羅的好詩或較好的詩也不少，第一首譯為中文的偏偏是《人
生頌》。那可算是文學交流史對文學教授和評論家們的小小嘲諷
或挑釁了！歷史上很多——現在就也不少——這種不很合理的
事例，更確切地說，很不合學者們的理想和理論的事例。這些都
顯示休謨所指出的，"是這樣"（is）和"應該怎樣"（ought）兩
者老合不攏⑬。在歷史過程裏，事物的發生和發展往往跟我們鬧
別扭，惡作劇，推翻了我們定下的鐵案，塗抹了我們畫出的藍
圖，給我們的不透風、不漏水的嚴密理論系統搠上大大小小的窟

窾。通常説"歷史的教訓",彷彿歷史衹是嚴厲正經的上級領導或老師;其實歷史也像淘氣搗亂的小孩子,愛開頑笑,捉弄人。有機會和能力來教訓人,笑弄人,這是歷史的勝利;很少人聽取或聽懂它的教訓,幾乎没有人注意和在意它的笑弄,那也是歷史的——失敗。

註

①　瓊斯(H. F. Jones)編勃特勒《筆記》(*Notebooks*)(1912) 264 頁。

②　桑塔亞那自傳《人與地》(*Persons and Places*)第 2 册《中年》(*The Middle Span*)(1945) 25 頁。

③　塞繆爾·郎費羅(Samuel Longfellow)《郎費羅傳》(1886) 第 1 册 271—272 頁,參看 303 頁。郎費羅這首詩阻止了一個人自殺,傳説歌德《少年維特的煩惱》導致了許多人自殺;我不知道是否有批評家從這個角度去衡量兩位詩人。

④　袁祖志《出洋須知》。他就是《二十年目睹之怪現狀》六十六回裏的"侯石翁的孫子侯翺初";他在光緒九年(1883)出洋後,發現英語並不"到處通行"。參看丁韙良(W. A. P. Martin)《中國六十年》(*A Cycle of Cathay*)(1897) 316-317 頁記載光緒帝和王公大臣一窩蜂學英語(a rush to learn English)的趣事。

⑤　《郎費羅傳》第 2 册 412 頁(1893 增訂版第 3 册 43 頁)引。

⑥　《郎費羅傳》第 2 册 429 頁(增訂版第 3 册 64 頁)引。

⑦　他到了俄國,辦事棘手,"抑鬱愁悶",得病而死,没有能回北京交差。參看他的副使志剛《初使泰西紀要》同治九年正月二十四日記。

⑧　《郎費羅傳》增訂版第 3 册 437 頁。

⑨　方濬師《退一步齋詩集》卷三《粤行集》。他"粤行"做外

官是在同治七年。

⑩　《退一步齋文集》卷四《覆董韡卿尚書書》。

⑪　紀昀《紀文達公文集》卷九《耳溪詩集序》；參看《管錐編》論《全上古三代秦漢三國六朝文》第一九〇則"譯诗"。

⑫　劉錫鴻《英軺日記》："查英國官例，……其外差者，翻譯官仕至總領事而上。威妥瑪由翻譯升公使，係屬破格，向來所無。"（《小方壺齋輿地叢鈔》初編十一帙二册一九六頁）

⑬　張德彝《四述奇》光緒二年十二月初十日日記。

⑭　董恂《荻芬書屋文稿》卷一《萬國公法序》、《格物入門序》。

⑮　《蕉軒隨錄》卷八《海洋紀畧》。

⑯　《蕉軒隨錄》卷三《四柏軒雅集啓》。

⑰　《荻芬書屋詩稿》卷四《春雪宴故法王孫》五律二首。董恂的同僚和下屬大概都知道"長友詩"這回事。張德彝《再述奇》同治七年八月二十五日日記"晤合衆詩人長友，年近六旬，著作高雅，頗著名於泰西"，就打破了他一貫把外國人名音譯的習慣，而遵照本衙門上司所用的意譯人名。

⑱　俞樾《春在堂雜文·續編》卷五《金眉生廉訪六十壽序》。"自行束脩"就是說沒有獎學金，外國人得掏腰包付學費。

⑲　參看《紐約書評》（*The New York Review of Books*）1978 年 10 月 12 日版 41 頁。

⑳　岡千仞《觀光紀遊》明治七年八月一日日記；黃遵憲《日本國志·工藝志·序》。

㉑　張之洞《勸學篇》下《設學》第三。似乎明末已有二元論的萌芽，這需要專篇考論。

㉒　參看《管錐編》論《全上古三代秦漢三國六朝文》第一八〇則"婁羅"。

㉓　孫詒讓《周禮正義》卷六九。舉唐詩裏一個有趣的例句，李賀《昌谷詩》"鶯唱閩女歌"，參看王琦《彙解》引錢飲光説。

㉔　參看查理第五（Charles Quint）認爲德國人和馬語言相通；文學經典作品像列涅（J. Regnard）《迷糊人》（*Le Distrait*）三幕三場和斯威夫特（Swift）《格利佛遊記》（*Gulliver's Travels*）四部三章都提到那句話（et suisse à des chevaux; to his horse in High Dutch）。

㉕　《人境廬詩草》卷四《海行雜感》之十三。

㉖　《全宋詞》898 頁。

㉗　吳仰賢《小匏庵詩存》卷六《洋涇竹枝詞》之四。

㉘　《翁文恭公日記》光緒十三年正月初十日。

㉙　蔡鈞《出使須知》。蔡鈞懂一點英語，到西班牙（"日斯巴尼亞"）後，又學了些"日語"。丁韙良教過曾紀澤英語，《中國六十年》365 頁說曾的口語"流利而不合文法"（fluent but ungrammatical）。

㉚　《法蘭西大學叢書》（*Collection des Universités de France*）希法語對照本《亞理斯托芬（Aristophane）集》第 3 册 33 頁《羣鳥》（*Les Oiseaux*）199–200 行，譯者范戴爾（Milaire Van Daele）註："從前把野蠻民族語言歸併在不可理解的鳥叫裏。"（Les langues barbares étaient assimiliées au gazouillement inintelligible des oiseaux）

㉛　包阿士（G. Boas）《十七世紀法國思想中的幸福畜生》（*The Happy Beast in French Thought of the Seventeenth Century*）（1933）41 頁。

㉜　《中國六十年》355–358 頁《董恂、一位中國學者》。

㉝　醒醉生《莊諧選録》卷二。參看《官場現形記》四六回童子良道："那裏有這許多國度！"；憂患餘生《鄰女語》一二回徐桐道："他們外國那有許多國名！……你看古書上那有什麼'英吉利'、'法蘭西'等名字？"

㉞　參看張德彝《四述奇》光緒二年十二月初九日、五年正月初一日；李鳳苞《使德日記》光緒四年十二月初六日；薛福成《出使英、法、義、比四國日記》光緒十六年十二月初六日。

㉟　《泰晤士報文學副刊》（*T. L. S.*）1981 年 5 月 1 日版 492 頁。

㊱ 格來格（J. Y. T. Greig）編《休謨書信集》(*Letters of David Hume*)（1932）第 1 冊 242 頁。

㊲ 李·亨特《散文選》(*Selected Essays*)，《人人叢書》(Everyman's Library) 本 165 頁。

㊳ 盧卡斯（E. V. Lucas）編《蘭姆姐弟合集》(*Works of Charles and Mary Lamb*)（1903－1905）第 7 冊 596 頁。古爾蒙（Remy de Gourmont）《文學漫步》(*Promenades littéraires*)第 3 輯有一篇文章，說假如把外國名人的姓氏意譯成法語，讀者對他們的"幻想"(illusions) 會大受損害；所舉英國名人的例就有培根（Bacon）意譯爲"豬"(cochon)，蘭姆意譯爲"羊"。

㊴ 《郎費羅傳》第 1 冊 380 頁。

㊵ 參看海姆（R. Haym）《赫爾德》(1958) 東柏林重印本第 2 冊 201 頁。叔本華《哲學小品》(*Parerga und Paralipomena*) 25 章 299 節也認爲這是譯詩的惟一辦法，然而很不"保險"(misslich)，道生（P. Deussen）編《叔本華全集》(1911－29) 第 5 冊 627 頁。

㊶ 格雷芙斯（Robert Graves）極口讚美這個定義爲"絕妙的鄉曲之見"(splendid provincial definition)，《故事、談話、散文、詩歌、歷史》(*STEPS*)（1958）142 頁。奧登（W. H. Auden）卻說這個定義"似是而非"(Looks plausible at first sight but will not quite do)，《染色匠人的手》(*The Dyer's Hand And other Essays*)（1962）23—24 頁。當然，但丁從聲調音韻 (cosa per legame musaico armonizzata) 着眼，最早就提出詩歌翻譯 (della sua loquela in altra trasmutata) 的不可能，見《席上談》(*Il Convivio*) 1 篇 3 節，穆爾 (E. Moore) 與托音貝 (P. Toynbee) 合編《但丁集》244 頁。

㊷ 摩爾根斯特恩《諷刺小詩與警語》(*Epigramme und Sprüche*)（1921）45 頁。

㊸ 亨利·金《送殯》(*The Exequy*)，聖茨伯利 (G. Saintsbury) 編《查理時代小家詩合集》(*Caroline Poets*) 第 3 冊 197 頁。

㊹ 《惡運》(*Le Guignon*)，勒唐戴克 (Y. G. Le Dantec) 編

《波德萊爾集》，《七星（la Pléiade）叢書》本 92 頁，參看 1386 頁註。

㊺　見費爾潑斯（W. L. Phelps）《自傳附書信》（*Autobiography with Letters*）（1939）324 頁。

㊻　蘭讓德（Jean de Lingendes）《亞爾西唐説》（*Alcidon parle*），盧塞（J. Rousset）編《法國奇崛派詩選》（*Anthologie de la Poésie baroque française*）（1961）第 1 册 87 頁，參看 262 頁註；斯賓塞（Edmund Spenser）《情詩集》（*Amoretti*）第 75 首，格林勞（E. Greenlaw）主編《全集》中《小詩集》（*Minor Poems*）（1958）第 2 册 226 頁；馬利諾（G. B. Marino）《情變》（*Fede rotta*），喬治·凱（George Kay）編《企鵝本意大利詩選》（*The Penguin Book of Italian Verse*）（1958）219 頁。伏爾太《查迪格》（*Zadig*）以海邊爲溪（ruisseau）邊，蓬莫（R. Pomeau）編伏爾太《小説與故事集》（*Romans et Contes*）（1966）67 頁。布渥爾神父（Dominique Bouhours）《對話集》（*Les Entretiens d'Ariste et d'Eugène*）（1671）第一篇講一個西班牙女郎在海灘沙上不寫情人的名字，而寫一句誓言"寧死也不變心"（Antes muerta que mudada），新版（Armand Colin, 1962）20 頁。在蘭德（W. S. Landor）的詩裏，意中人當場微笑道："傻孩子！你以爲你在石頭上寫字呢!"（You think you're writing upon stone），《虛構的對話與詩歌集》（*Imaginary Conversations and Poems*）《人人叢書》本 351 頁。

㊼　《魯賓遜飄流記》，《世界經典叢書》（*The World's Classics*）本 198 頁。

㊽　帕克《約翰·中國人及其他幾個人》（*John Chinaman and A Few Others*）（1901）62 頁。

㊾　《國朝正雅集》卷八十六選董恂五律一首、七律二首。這部選集多至一百卷，採録的是乾、嘉到符葆森同時人的詩。像許多廣收同時人作品的選集一樣，它又一次證明（假如需要證明的話）兩點：一、寫詩、刻詩集的人多絶不等於詩人多；二、評選詩文常是社交活動，而不是文藝活動。

○ 繆艮《文章遊戲》初編卷四。

○ 斌椿《乘槎筆記》同治五年十月初二日。

○ 志剛《初使泰西紀要》同治六年十二月初十日。

○ 郭嵩燾《養知書屋詩集》卷十二《昭君怨和董韞卿尚書》、卷十三《次韻朱香孫始自海外歸見贈》第一首。

○ 張德彝《四述奇》光緒四年六月十三日。

○ 錢德培《歐遊隨筆》光緒八年五月初五日。

○ 梁溪坐觀老人《清代野記》卷上《李文忠致謗之由》。張祖翼是桐城人，久寓無錫，所以他用這個筆名。

○ 王韜《蘅華館詩錄》卷四《目疾》。

○ 漢濱讀易者《張文襄幕府紀聞》卷下《看畫》。

○ 《國朝正雅集》卷八十五也選了他的五古一首、五律三首、七絕一首。符葆森的《詩話》引他的一首詩題説："在雲南得首烏大如栲栳，製美髯丹服之，是年即髯長尺餘。"斌椿的那部長鬍子是他在外國造成好印象的一個因素（With long beard, wise look, and courtly bearing, he everywhere made a favourable impression），見《中國六十年》373 頁。

○ 斌椿《乘槎筆記》同治五年五月十八日、二十九日、六月初一日；張德彝《航海述奇》同治五年五月十七日。張德彝説名"傳"空間裏的"五洲"就等於名"傳"時間裏的"千古"，暗合斯達爾夫人（Mme de Staël）的名言："外國人就是當代的後世。"（Les étrangers sont la postérité contemporaine）

○ 斌椿《海國勝遊草·包姓別墅》第二首。

○ 高錫恩《友白齋集》卷八《夷閨詞》第三首："寄語儂家赫士勃（自註：夷婦稱夫曰赫士勃〔husband〕），明朝新馬試騎來"；第八首："纖指標來手記新，度埋而立及時春（自註：夷人呼娶親爲'度埋而立'〔to marry〕）。"高氏卒於同治七年，但那八首詩作得早，咸豐五年（1855）刊行的李家瑞《停雲閣詩話》卷八已引了五首。光緒十四年版《觀自得齋叢書》裏署名"局中門外漢戲草"的《倫

敦竹枝詞》是張祖翼寫的，《小方壺齋輿地叢鈔》再補編第十一帙第
十冊裏張祖翼《倫敦風土記》其實是抽印了《竹枝詞》的自註。王
韜《甕牖餘談》卷三《星使往英》提到"道光壬寅年間"（一八四
二）吳樵珊作《倫敦竹枝詞》數十首，那是另一部作品，我沒有看
到。張祖翼詩裏用譯音字很多，例如第二十四首"二八密司親手賣，
心慌無暇數先令"，"密司"就是斌椿詩裏的"彌思"；第四首詠維多
利亞后"五十年前一美人，居然在位號'魁陰'"，音譯 queen 字，又
說出王后是"陰"性的"魁"首，頗有巧思。音譯外語入詩並不限
於輕鬆和打油的近體，也偶見於正經的古體，例如趙之謙《悲盦居
士詩剩·子奇復用前韻成〈閩中雜感〉四章見示，依次答之》二
"呼'度'一吠凡犬馴（自註：夷呼犬曰'度'，入聲），物有相畏性
所因"，"度"就是《文明小史》三十四回所謂"外國的道辮［dog］"。
這些都早於梁啓超《飲冰室詩話》講的"喀私德"、"巴力門"。後來
像柯紹忞《蓼園詩鈔》卷二《嚴紹光西湖雅集圖》："古人圖畫難俱
述，誰似符頭孤列勿?"自註："譯言攝影［photograph］"，也是清末
守舊派詩篇中一個特出的例。

⑥③　洪勛《遊歷聞見總署》。洪勛在光緒十三至十五年遊歷意、
西、葡、瑞典、挪威、英、德、法各國。

⑥④　劉錫鴻《英軺日記》（《小方壺齋輿地叢鈔》初編十一帙二
冊一九九頁）。

⑥⑤　一個有趣的例外是王之春《使俄草》光緒二十一年正月二
十三日日記："禮官等來，……請至皇家大戲院觀劇。……齣名《鴻
池》，假託德世子惑戀雁女而妖鳥忌之。"《鴻池》正是《天鵝湖》的
最早譯名，藉用了漢代御沼的現成名稱（見《後漢書·安帝紀》，又
《趙典傳》，又《百官志》三）。也許因爲譯名太古雅了，現代學者沒
有對上號來。

⑥⑥　李鳳苞《使德日記》光緒四年十一月二十九日。

⑥⑦　《張文襄幕府紀聞》卷下《自强不息》。這也是一向被忽署
的文獻。

⑱　《使德日記》光緒四年十月初十日："謁外部尚書畢魯，……握苞手曰：'……許久未見，英語當更純熟。'"

⑲　《威尼斯小詩》（*Venezianische Epigramme*）17 首，漢堡版（Hamburger Ausgabe）十四册本《歌德集》（1982）第 1 册 179 頁。

⑳　李鳳苞原是帶領嚴復、馬建忠等"官生"出洋的"監督"。他在德國公使任内，向廠商訂貨時索賄（參觀汪康年《莊諧選録》卷一、沈瑜慶《濤園集》卷一《哀余皇》）；是個典型的官僚。他這節日記長期湮没無聞；聽說明年［1982］要大規模紀念歌德，我願意再度唤起對它的注意。

㉑　鍾叔河同志編訂郭嵩燾日記未刊手稿，使我看到《使西紀程》裏删節的部分。光緒三年七月初三日郭嵩燾參觀"達克斯登塞爾里布來申會"，從陳列品上，得知有莎士比亞其人："聞其最著名者，一爲舍色斯畢爾。爲英國二百年前善譜齣者，與希臘詩人何滿得齊名。其時有買田契一紙，舍色斯畢爾簽名其上，亦裝飾懸掛之。……一名畢爾庚……。"那個"會"準是"Caxton Celebration"，郭氏誤聽"喀"音爲"達"音，又誤聽"荷馬"有"得"音，"培根"有"爾"音。光緒三年正月初九日，他到英國還不滿一月，已下了結論："此間富强之基與其政教精實嚴密，斐然可觀，而文章禮樂不逮中華遠甚。"

㉒　黎庶昌《西洋雜志・加爾得隴大會》。

㉓　也就是蒲伯名句所嘲諷的，一般評論很勢利，聽說是達官貴人的手筆，歪詩立即變爲傑作（What woeful stuff this madrigal would be，/In some hackney sonneteer，or me !/But let a lord once own the happy lines，/How the wit brightens，how the style refines! —Pope，*An Essay on Criticism*，418-421）。

㉔　崇彝《道咸以來朝野雜記》。

㉕　《四述奇・自序》。

㉖　《中國六十年》316、380 頁。

㉗　《四述奇》光緒三年六月初一日。

㉘　例如《航海述奇》同治五年三月二十八日記載狎妓的衛生

措施，《八述奇》光緒三十一年四月二十四日描寫時髦婦女各種假髮式附圖。

⑦⑨　岡千仞《觀光紀遊》明治十七年十二月二十一日。

⑧⑩　《八述奇》光緒三十一年六月初十日。三十年六月初九日張氏在"阿代勒屝戲園"觀劇名《埃木里》，詳記情節；顯然他不知道本事出於迭更司的小説，就是林紓譯的《塊肉餘生述》。

⑧①　從林紓序文摘錄幾句："嗟夫！葛利佛其殆有激而言乎！……當時英政不能如今美備，葛利佛佗儶孤憤，拓爲奇想，以諷宗國。……嗟夫！屈原之悲，寧獨葛氏！"

⑧②　缺名《舟行紀畧》(《小方壺齋輿地叢鈔》初編十二帙二册一二六至一二七頁)。

⑧③　休謨《人性論》(*Treatise of Human Nature*) 3 卷 1 部 1 節，塞爾比別格 (L. A. Selby-Bigge) 編本 (1896) 469 頁，參看 460 頁。

一節歷史掌故、一個宗教寓言、
一篇小説*

　　諾法利斯（Novalis）認爲"歷史是一個大掌故"（Ge-
schichte ist eine grosse Anekdote），那種像伏爾太剪裁掌故而寫
成的史書（eine Geschichte in Anekdoten）是最有趣味的藝術品
（ein höchst interessantes Kunstwerk）①。梅里美（Mérimée）説
得更坦白："我祇喜愛歷史裏的掌故。"（Je n'aime dans l'histoire
que les anecdotes）②在史學家聽來，這是文人們地地道道的淺見
薄識，祇追求小"趣味"，看不到大問題。十九世紀初的文人還
敢明目張膽那樣説。在人文科學裏，歷史也許是最早爭取有"科
學性"的一門，輕視或無視個人在歷史上作用的理論（transper-
sonal or impersonal theories of history）已成今天的主流，史學
家都祇探找歷史演變的"規律"、"模式"（pattern）或"韻節"
（rhythm）了③。要是現在的文人肯承認興趣局限於掌故，他多

　　*《文藝研究》1983 第 4 期刊登。這是改定本。

少得賠着笑臉，帶些自卑的語氣。不過，假如他說自己專為看故事才去讀宗教經典，他一定理直氣壯，對宗教學家甚至信徒都不會心虛道歉。這種分別對待的態度很可以測驗當代學術裏的"輿論氣候"（climate of opinion）。

實際上，一樁歷史掌故可以是一個宗教寓言或"譬喻"，更不用說可以是一篇小說。

西晉三藏竺法護譯《生經》第十二篇《舅甥經》的全文如下：

> 姊弟二人。姊有一子，與舅俱給官御府，織金縷、錦綾、羅縠珍好異衣。見帑藏中琦寶好物，貪意為動。即共議言："吾織作勤苦不懈，知諸藏物好醜多少，寧可共取，用解貧乏乎！"夜入定後，鑿作地窟，盜取官物，不可貨數。明監藏者，覺物減少，以啟白王。王詔之曰："勿廣宣之，令外人知。舅甥盜者，謂王多事，不能覺察，至於後日，遂當慴〔玩？〕伏，必復重來。且嚴警守，以用待之。得者收捉，無令放逸。"藏監受詔，即加守備。其人久久，則重來盜。外甥教舅："舅年尊，體羸力少，若為守者所得，不能自脫。更從地窟，卻行而入。如令見得，我力強盛，當濟免舅。"舅適入窟，為守者所執，執者喚呼，諸守人捉。甥不制，畏明日識，輒截舅頭，出窟持歸。晨曉藏監，具此啟聞。王又詔曰："輿出其屍，置四交路。其有對哭，取死屍者，則是賊魁。"棄之四衢，警守積日。於時遠方，有大賈來，人馬車馳，填噎塞路，奔突猥逼。

其人射闹，載兩車薪，置其屍上。守者明朝，具以啓王。王詔：“微伺，伺不周密。若有燒者，收縛送來。”於是外甥，將教僮豎，執炬舞戲，人衆總闹，以火投薪，薪燃熾盛。守者不覺，具以啓王。王又詔曰：“若已蛇維，更增守者，嚴伺其骨。來取骨者，則是原首。”甥又覺之，兼猥釀酒，特令醇厚。詣守備者，微而酤之。守者連昔饑渴，見酒衆共酤飲，飲酒過多，皆共醉寐。俘因酒瓶，受骨而去。守者不覺，明復啓王。王又詔曰：“前後警守，竟不級獲。斯賊狡黠，更當設謀。”王即出女，壯嚴瓔珞，珠璣寶飾。安立房屋，於大水旁，衆人侍衛，伺察非妄，必有利色，來趣女者。素教誡女，得逆抱捉，喚令衆人，則可收執。他日異夜，甥尋竊來，因水放株，令順流下，唱叫奔急。守者驚趣，謂有異人，但是株杌。如是連昔，數數不變，守者玩習，睡眠不驚。甥即乘株，到女室。女則執衣。甥告女曰：“用為牽衣？可捉我臂。”甥素殄黠，豫持死人臂，以用授女。女即放衣，轉捉死臂，而大稱叫，遲守者寤。甥得脱走。明具啓王，王又詔曰：“此人方便，獨一無雙，久捕不得，當奈之何！”女即懷妊，十月生男，男大端正。使乳母抱行，周遍國中，有人見與鳴嗽者，便縛送來。抱兒終日，無鳴嗽者。甥為餅師，住餅爐下。小兒饑啼，乳母抱兒，趣餅爐下，市餅哺兒。甥既見兒，即以餅與，因而鳴之。乳母還白王曰：“兒行終日，無來近者，饑過餅爐，時賣餅者，授餅乃鳴。”王又詔曰：“何不縛送？”乳母答曰：“小兒饑啼，餅師授餅，因而鳴之，不意是賊，何因因之？”王使乳母，更抱兒出，及諸伺候，見近兒者，便縛將來，甥沽美酒，呼請乳母，及微伺者，就於酒家勸酒，大醉眠臥，便盜兒去。醒悟失兒，具以啟王。王又詔曰："卿等頑駿，貪嗜狂水，既不得賊，復亡失兒。"甥時得兒，抱至他國，前見國王，占謝答對，因經說誼。王大歡喜，輒賜祿位，以為大臣，而謂之曰："吾之一國，智慧方便，無逮卿者。欲以臣女，若吾之女，當以相配，自恣所欲。"對曰："不敢！若王見哀，其實欲索某國王女。"王曰："善哉！"從所志願。王即有名，自以為子，遣使者往，往令求彼王女。王即可之；王心念言："續是盜魁，前後狡猾。"即遣使者："欲迎吾女，遣其太子，五百騎乘，皆使嚴整。"王即敕外，疾嚴車騎。甥為賊臣，即懷恐懼，心自念言："若到彼國，王必被覺，見執不疑。"便啟其王："若王見遣，當令人馬五百騎，具衣服鞍勒，一無差異，乃可迎婦。"王然其言，即往迎婦。王令女飲食待客，善相娛樂。二百五十騎在前，二百五十騎在後，甥在其中，跨馬不下。女父自出，屢觀察之。王入騎中，躬執甥出。"爾為是非，前後方便，捕何叵得。"稽首答曰："實爾是也。"王曰："卿之聰哲，天下無雙，隨卿所願。"以女配之，得為夫婦。佛告諸比丘："欲知爾時甥者，則吾身是；女父王者，舍利弗是也；舅者，調達是也；女婦國王父、輸頭檀是也；母、摩耶是；婦、瞿夷是；子、羅雲是也。"佛說是時，莫不歡喜。

這篇詞句生硬的譯文有了新式標點，清楚多了。我們看到"王曰

'善哉'"以下那一大節，給一連串的"王"字攪得眼花，但不至於頭暈，還能辨認出誰是誰。"連昔"就是"連夕"，"見哀"就是"見愛"，都是魏晉時用字；"蛇維"常作"闍維"或"荼毗"，火化的意思。"嗚"即親吻，祇要看《雜譬喻經》第二十二則："道士便抱其婦咽［頸］共嗚，嗚已，語婆羅門言：'此是欲味。'"或《大智度論》卷二六《釋初品‧釋十八不共法》："化作天身小兒，在阿闍世王抱中，王嗚其口，與唾令嗽。"和"噈"字連結一起，意義更顯明。《說文‧欠部》段註說"噈"是"會意兼形聲"字，又引《廣韻》："歑噈、口相就也。"換句話說，正是《清平山堂話本‧刎頸鴛鴦會》和明清白話小說裏所謂"做個'呂'字"。《世說新語‧惑溺》"兒見充喜踴，充就乳母手中嗚之"，也是這個意義，通常解釋爲"撫弄"，想是根據《晉書‧賈充實》"就而拊之"來的，很不確切。

號稱西方史學鼻祖的古希臘大史家希羅多德（Herodotus）《史記》裏敍述了埃及古王拉姆潑西尼德斯（Rhampsinitus）時的一椿趣聞，全文據英譯本轉譯如下④：

> 如是我聞（they told me），王積銀多，後世嗣君，莫堪倫比。王欲固藏，乃造石室，爲貯銀庫；室之一壁，毗王宫墻。築室匠狡，虛砌一石，二人協力，即可移動，一人獨力，亦能集事。室落成已，聚銀爲府。爾後多時，匠老垂死，謂其二子，勿憂衣食，告以庫壁，有石虛置，石位何處，作何移法，"識此無忘，王之貨財，便爲汝掌"。父歿不久，二子黑夜，潛至宫

外，按乃父教，即得其石，如意施為，竊取多銀。王後啓藏，
覷貯銀篋，不復滿溢，遂大驚怪，而門密閉，封緘未損，無可
歸罪。賊竊再三，王頻檢視，見銀續減，命設機關，傍逼銀篋。
二賊又來，一先蛇行，至於篋處，頓陷機中，無復脫理。急呼
厥昆，示己處困，而謂之曰："趣斷我首，免人辨認，殃及汝
身。"弟解其意，依言而行，還石原處，攜頭回家。詰旦王來，
覷無頭屍，落機關中，戶鍵依然，無出入處，惶惑罔措。王令
肆屍，懸諸墻外，士卒嚴守，有赴哭者，捉搦以來。

死者有母，痛子陳屍，幸一子存，促其善巧，速取屍歸。
且恫嚇言："苟違吾志，將告發汝，坐窩主罪。"子為開喻，茲
事難成，母意不回，訶責愈厲。子心生計，以驢數頭，載諸革
囊，中滿盛酒，遵大路行。驅近屍所，潛取數囊，弛其束口，
酒便洋溢。其人喊呀，復自打頭，欲塞囊流，無所措手。守屍
衛衆，見酒流注，持器奔赴，深自忻喜，不沽得飲。其人佯
怒，罵詈衛衆。衛衆軟語，其人回嗔，牽驢道側，料理酒囊。
衛衆與言，雜以嘲戲，皆大笑樂。其人取酒，饋衆一囊。衆藉
地坐，其人被邀，遂止偕飲，衆皆觴之。復饋一囊，俾共酣
暢。衛衆沉醉，倒於飲處，爛漫昏睡。賊待夜深，割繩取屍，
復侮衛衆，剃其右頰，鬚髯淨盡。驅驢載屍，歸家報母，不負
慈命。

王聞失屍，赫然震怒，殫思盡力，必獲巨猾。乃構一策，
如是云云，我斯未信（Such is the story，but I myself do not
believe it）。王命其女，處一室中，男子求歡，有來不拒；先

問彼男，作何罪過，何事最惡，何事最點，聽其道已，方與行欲；如其所述，有同前事，即急執持，無使逸脫。賊察王計，鬪智可勝。覓新死人，斷臂連肩，匿臂袍下，來至女室。女問如例，賊乃答言："兄入王室，陷機難拔，己斷其頭，此事最惡。兄屍陳市，己載酒往，飲衛衆醉，得解懸屍，此事最點。"王女聞已，伸手急捉，於黑夜中，持死人臂，以為得賊。賊由戶遁。

王既知聞，歎賊智勇，榜示通國，促賊自首，宥罪獲賞。賊遂叩見，王大稱許，嘉其慧點，以女妻之。王因諭衆："以智故論，萬國之中，埃及為首，埃及國中，斯人為首。"

這樁掌故，被海涅採作詩料。"拉姆潑森尼脫王登寶殿"（Als der König Rhampsenit / Eintrat in die goldne Halle）那首詩，就是《史記》這一節的改寫，還有附註標明來歷⑤。結尾婉而多諷，說那個賊駙馬爺繼承了王位，在他的統治下，盜竊事件極少發生（Wenig, heisst es, ward gestohlen/Unter seinem Regimente）。這對希羅多德的原文也許是畫蛇添足，但在海涅的改寫詩裏正是畫龍點睛。

下面一篇譯自馬太奧·邦戴羅（Matteo Bandello）的《短篇小說集》，一部十六世紀意大利文學名著。中國研究莎士比亞的人會聽說到它，因為《白費心力》（*Much Ado about Nothing*）和《羅米歐和朱麗葉》都淵源於這部書。文學史家極口推崇，說它最"富於時代本質"（ricco di sostanza storica），其他十六世紀意大利大大小小作品全比不上⑥。對於這個意見，我連隨聲附和都沒有資格；我祇敢説，在讀過的薄伽丘的繼起者裏，我最喜歡薩愷諦（Franco Sacchetti），其次就是邦戴羅⑦。邦戴羅的每篇小説前面，有相當於"入話"或"楔子"的東西，敍述中也常鋪比典故和穿插議論，譯文把那些枝葉都删除了⑧。

　　普羅太歐（Proteo）逝世，拉澂桑悌戈（Rapsantico）嗣位，是埃及歷史上最富有的國王。他的財産，外加普羅太歐原有的積蓄，多得無可比擬，簡直數也數不盡。國內盜風很盛，他擔心宮裏不保風險。他找到一個心靈手敏的建築匠，特造一所庫房，墻壁堅牢，門用鐵裹。這個匠人懂得國王的心思，極力討好，屋子造來又美觀，又堅固。金子的光芒最害人，耀花了好些明眼；那匠人見財起意，貪心一動，再也壓不下，就在臨街的那垜墻上做了些手脚。墻用大理石嚴嚴密密地砌成，但有一塊石頭沒有砌死，屋裏還有幾塊石頭也能鬆動，都安置得不露破綻，知情者在夜裏進進出出，誰也不會覺察。庫房完工，國王把金銀財寶全搬進去，庫門鑰匙掛在自己腰帶上，他對誰都信不過的。

　　那匠人也許改變了主意，或者别有緣因，他始終沒下手。這樣一天又一天地拖，他害起重病來了。醫藥無效，他自知大限臨頭。他祇有兩個兒子，叫了他們來，把造庫時搞的鬼一五一十告訴他們，教他們怎樣把石塊移動和還原。他叮囑清楚，不久就斷了氣。這兩個小子祇想不費時日，不花力氣，大發横財。老頭兒死後沒幾天，一個夜裏，他們携帶器械，按計行事，來到庫房，實地試驗，果然石塊應手活動。他們進去，把金子偷個痛快，然後照原樣擱放石塊，滿載而回。

國王經常一個人進那金穴寶庫裏去消遣，端詳各式各樣的金幣金錢、精鑄的金器、成堆的寶石，享受眼福，自信得天獨厚，世界上沒有第二個這樣的大財主。外國使臣或什麼大貴人來到，他老忙着帶領他們去瞻仰自己的財寶［以下節去六句］。那兄弟倆行竊後，國王照例到庫裏來，偶爾揭開幾個桶子的蓋，發現裝滿的金子減淺了。他大吃一驚，發了好一會的呆。庫裏找不到有人進來的痕跡，庫門是他親手上鎖加封的，打開時也文風未動。他想不明白什麼道理。那兄弟倆又光顧了兩三次，桶裏的金子繼續損失，國王才斷定有了賊了。他以為那些刁徒準是設法配了鑰匙，仿造了封條，所以隨意進出，放手偷東西。他找着一位手藝頂好的匠人，命令他造一個捕捉機，造得非常巧妙，見者人人歎絕。這座機器的力道很足，掉在裏面，別說一個人，就是一頭公牛也給它扣得結結實實，祇有國王本人用鑰匙來解開那牢固的重重鎖鏈。國王精細地在金桶間安置了那機器，誰要碰上，就給抓住。他天天來瞧那個賊落網沒有。

兩兄弟還蒙在鼓裏呢。一天夜裏，他們照常挪動石塊，放膽進庫。哥哥一脚踏着機關，立刻寸步難行，兩條腿夾合一起，再也分不開。他掙扎愈使勁，機器捆紮愈收緊。弟弟忙來解救，用盡手段，也無濟於事，那捆住不放的鎖鏈愈解愈緊。這人給機器扣住，自知沒有生路，兄弟倆一齊叫苦，遭上了橫禍，呼天怨命。哥哥就囑咐道："兄弟呵，我誤落機關，沒有配合的鑰匙，誰都打不開這具鎖。明天準有人進庫，假如國王親自來到，看見我在這裏，咱們的勾當就戳破了。我先得受盡刑罰，被逼招供出犯案的同夥來，到頭還難逃一死。就算我咬緊牙關，不肯牽累你，也終保不了命，你也脫不了嫌疑。國王會立刻派人去搜咱們的家，找到那些金子，贓證確鑿。媽媽是知情人，得跟咱們一起受刑挨罰。一家母子三口就死得太慘了！既然一連串禍事擺在前面，咱們得馬上挑選害處最小的一椿。我知道自己注定要死，再沒有救命的辦法。好兄弟，空話少說，白費唇舌，耽誤了大事。你狠狠心，把我的頭連脖子斫下來，剝光我的衣服，人家就認不出是我了。你把帶得了的金子，和我的腦袋、衣服，都扛上肩膀，快溜走吧。記住我的話：這是你末一次來，不能再來了。你很容易掉在這圈套裏，身邊沒有人救你。也千萬別和人合夥來冒險；即使你本人沒給逮住，你那同犯為了洗身清，博取恩赦，會向國王告發，再不然，他會把秘密洩漏給口風不緊的親戚朋友。千句併一句，別上這兒送死，別向誰露底。"弟弟聽了哥哥恩義深重的忠告良言，也知道別無它法，痛哭起來，實在狠不下心。祇有這一位同胞兄弟，要向他下毒手，真是窮兇極惡，天理難容！他祇打算陪着哥哥同歸於盡。哥哥橫說竪說，終算說服了他。那時天將分曉，弟弟背起裝滿金子的口袋，一邊哭，一邊拔刀割斷哥哥的腦袋，包在屍身上脫下的衣服裏，含悲忍痛，和金子口袋一起帶出墻外，把石塊好好放還原處。他眼淚汪汪，回到家裏，媽媽得知慘事，也淌眼淚歎氣。母子倆把腦袋埋在家裏地下，又把血衣洗淨。

明天國王進庫，瞧見那光膀子的無頭屍，呆了半晌。他想不出賊怎樣進來的，絲毫找不到線索。他把那具屍體逐部仔細察看，也不知道是誰；大門封鎖依然，牢裏鐵皮的窗戶也没人碰過；難道那賊精通妖術，會用搬運法，否則金子是偷不走的。他氣糊塗了。

國王心裏老不痛快，下令把屍體示衆，懸賞招認。來看的人不少，卻没一個認出死者是誰。國王於是下一道新令。遠離寶庫，逼近大街，有一塊草地，那裏竪起一個絞刑架，把那屍首兩脚朝天倒吊着，由六個人日夜看守。國王嚴旨：要是屍首給偷走，六個人全得釘死在十字架上；他們務必注意來往行人，瞧見掉淚的、歎氣的、流露悲憫的，馬上抓住，押送王廷。

賊的母親非常哀痛，也没人來慰問。她聽説兒子屍體像奸細那樣倒掛在絞架上，覺得是奇恥大辱，忍無可忍，什麽也不顧了。她對二兒子又氣又驚地説："我的兒呀！你殺掉你的同胞哥哥，還割下他的腦袋，彷彿他出賣了你，和你有怨仇似的。你説為了逃命，萬不得已，還編了一通話，説他中了圈套，没法兒解救。我不知道你這話是真是假。保不定你想獨吞這筆金子，殺害了哥哥，把黑的説成白的來哄我（a me mostri il bianco per il nero）。現在他的屍體又給國王那樣糟蹋，我吩咐你夜裏去偷它回來，我要把它安葬，好好按禮辦事。我給你兩天的限期，至多三天。你哥的屍首老掛在那裏，我傷心得也活不成。所以你務必弄它回來，要不然，我就去見國王告發你。

這不是說着玩兒的。"兒子深知那地方戒衞森嚴，母親任性不懂事，向她解釋開導，要她回心轉意。他說，去偷屍一定給人抓住，娘兒倆都會完蛋；落到國王手裏，盜案就破，自己是賊，得受絞刑，她是知謀從犯，必然同一下場。他還講了好些道理，勸她打消本意。可是，隨他講什麼道理，說多麼危險，他媽全聽不進。她像一匹拗性子的劣馬，橫着心，不聽話，衹發瘋似的叫嚷，要是兒子不依她，她就到國王那裏去自首〔以下節去四句〕。

娘固執己見，非把那屍首弄回不行，兒子知道違拗她是白搭。這位變得小孩子氣的老婆婆有了古怪念頭，做兒子的衹好挖空心思使她如願。他胡思亂想出千百條計劃，都是難兌現的，盤算來，盤算去，衹有一條切實可行，風險也少。家裏有兩頭驢子，正用得着。他把四個皮袋盛滿了香甜美酒，酒裏都擱麻醉藥，裝在驢子背上，夜裏走近屍場。等到半夜，他假裝遠路客人，順着大街，向絞架走去。臨近時，他解鬆捆紮皮袋的繩子，大聲呼救。守屍的兵士全跑來，衹見皮袋快從驢背掉下。這小伙子作出氣惱樣子，生怕袋裏的酒外流；多虧大家幫忙，他又把皮袋在驢背上紮穩。他忙向衆人道謝，說："壯士們，多虧了各位了！我是販酒的，靠它養家活口。今天要沒有你們，我的酒就流光，我的本錢也折光了。我真感激不盡。表示一點兒謝意，我請各位賞臉喝幾口酒，品品這酒的好味道。"他從背包裏拿出麵包和熟肉，一起坐下吃喝。衞兵們一嘗那香甜美酒，放開喉嚨，大杯子直灌，不多時個個昏倒，躺在地上，鼾呼大

睡。這乖覺的小伙子一滴酒也没喝，立刻從絞架解下哥哥的屍
體，又掛上去一個酒袋作替身，高高興興回家。臨走，他還把
那些醉漢右頰上的鬍鬚剪掉。

　　國王明天聽到消息，對那賊的本領十分驚歎，稱讚他智勇
雙全。一個人為了遂心如願，往往不恤丢臉，什麽下流事兒都
幹得出；這位國王要找到那個精細刁鑽的賊，也就不擇手段。
他有一個待嫁的女兒，十八九歲年紀，十二分人才。他佈告全
國：誰都可以和這位王女歡度良宵，但是那人得先指天宣誓，
不撒謊隱瞞，把幹過的奸詐勾當講給她聽，才許和她親熱。王
女去住在一所私宅裏，夜不閉户。國王叮囑她，要是來人自述
盜過金庫、斬過賊頭、偷過屍首、哄過衛兵等等，快抓住他不
要放手。好一位昏君！還算是一國之王呢！他這種荒唐意願就
和孕婦的奇怪食慾也差不多了〔以下節去一句〕。

　　那犯案累累的小伙子看見莊嚴頒佈的上諭，心裏明白，就
打算再捉弄國王一次。恰巧一個殺人犯被法庭處決，支解成為
四塊。他在黑夜裏偷偷從屍體上割下一支手臂，然後到王女那
裏去。王女牢記父王的面諭，巴巴地等候着。他登門入室，直
到牀前，説特來和她雙雙同睡。她説很歡迎，但必須遵照告示
辦事。他把所作所為一股腦兒講了。王女很有勇氣，兩手揪他，
這鬼精靈家伙把那條死人斷臂送在她手裏，溜之大吉。公主又
怕又驚，滿以為自己勁兒太大，扯斷了來人的胳膊呢。

　　國王知道又中狡計，斷定那賊是個有才有膽的非常人物，
應該破格重用。他於是公告全國，召犯案者入朝面君，諸罪赦

免，並有重賞。那小伙子就來叩見國王，把前後壞事源源本本陳述一遍。國王聽着，驚奇讚歎，把女兒配他為妻，封授他一等男爵。好多王公貴人都是這樣起家的，他們位高爵貴的來頭並非德行，而是為非作惡（E cosí avviene che molti sono chiamati nobili, la cui nobiltà cominciò per commesse sceleraggini, non per opere vertuose）。那個殘殺同胞、盜竊財産的賤種就也搖身變為貴族和上等人了。

海涅把希羅多德的記載隨意改編，邦戴羅把白描的簡筆畫點染成着色的工筆畫，但對原來的故事綫（story line）還是貼得緊緊的⑨。兩篇有一點很相像。彷彿蜜蜂的尾巴是尖刺，詩的收梢是冷嘲，小説的結束是熱諷。邦戴羅的末了兩句也許正是所謂"富於時代本質"的例證。他是馬基雅弗利（Machiavelli）同時人，這部《小説集》裏有一個大笑話，就是馬基雅弗利親口講的，那篇的"入話"還描寫馬基雅弗利操練士兵時出的醜⑩。馬基雅弗利觀察古今社會和政治生活，歸納出一個臭名昭著的事實："導致光榮顯赫的欺騙和罪惡"（frodi onorevoli, sceleratezze gloriose）⑪，邦戴羅對那個賊的美滿收場，也鑒古慨今，發了同樣的議論。

《生經》、《史記》、《小説集》三部書顯然講了同一件事。希羅多德不用説是邦戴羅的來歷；我近來看到兩個意大利民間故事，《一對賊搭當》（Cric e Croc）和《强盜被盜》（L'uomo chi rubò ai banditi），都有輾轉承襲的痕跡⑫。佛經和古希臘史曾結下這段文字因緣，很耐玩索，也許有人指出或考訂過。《舅甥經》是"佛告諸比丘"的；三篇相形之下，佛講故事的本領最差，拉扯得最囉嗦，最使人讀來厭倦乏味。有不少古代和近代的作品，讀者對它們祇能起厭倦的感覺，不敢作厭倦的表示。但是，我相信《生經》之類夠不上特殊待遇，我們還不必就把厭倦當作最高的審美享受和藝術效果。

邦戴羅講完故事，加上兩句論斷，說明包含的意義。《舅甥經》是宗教寓言，更有責任點清宗旨，以便教化芸芸眾生："佛告諸比丘：'欲知爾時甥者，則吾身是。'"原來它和全書裏其他《經》一樣，寓意不過是宿世輪廻。整部《生經》使我們想起一個戲班子，今天扮演張生、鶯鶯、孫飛虎、鄭恒，明天扮演寶玉、黛玉、薛蟠、賈環，實際上換湯不換藥，老是那幾名生、旦、淨、丑。佛在這裏說自己是甥，在《野雞經》裏說："爾時雞者，我身是也"；在《鱉獼猴經》裏說："獼猴王者，則我身是。"諸如此類。那個反面角色調達也一會兒是"獼"，一會兒是"鱉"，一會兒是"蠱狐"。今生和前生間的因果似乎祇是命運的必然，並非道理的當然，例如賊外甥犯了盜、殺、淫等罪過轉世竟成佛祖，就很難瞭解或很需要辯解。國王在"詔"裏明說"舅甥盜者"，而舅甥曾"給官御府"；按理兩人都是有姓名、有着落的，國王祇消派差役拘捕，不就乾脆完事了？他偏巴巴地等賊上門。故事雖因此免於流產，情理上很說不通。保不定《生經》也會榮列"名著寶庫"，那時候自有人細心和耐心地找出各種滿意的解釋來。《史記》和《小說集》寫的是隻身單幹的賊，獨往獨來；佛經裏這個賊有一夥家裏人充幫手，"將教僮竪"，本領就此比下去了，保密程度也降低了。爲了使"守者"麻痹大意，他連夜"因水放株"，幹的活兒不輕，定的計策很笨。《史記》和《小説集》都容許我們設想有些"利色"之徒不肯錯過好機會，但因交代的罪行對不上口，於是取樂一番，逍遥離去；那個賊是惟一没有得手而險遭毒手的人。《舅甥經》裏的賊是第一個、也是惟一的冒險採花者，似乎公主靜靜地、乖乖地由他擺佈，到她伸手抓來人、放聲叫"守者"時，早已讓他得盡便宜。要不然，她哪裏會"懷妊十月生男"，而且那孩子貨真價實是他下的種呢？這裏的敍事很有破綻；也許表面上的敗筆恰是實際上的妙筆，那要擅長文評術語所謂"挽救"或"彌補"（recuperation）的學者來證明了。《史記》和《小説集》裏的賊有個母親，佛經裏的賊有個兒子；那母親起了發動機的作用，這兒子衹是無謂的超額過重行李。佛經一開頭曾提起那賊的母親（"姊有一子"），以後再没講她；就她在故事裏起的作用而論，那賊竟像李逵所説"是土窟坑裏鑽出來的"，没有"老娘"。佛經裏把偷屍一事鋪張爲先燒屍、後偷骨，把入朝面君一事鋪張爲先在外國做官、後回本國招親，情節愈繁，上場人愈多，時間愈拖拉，故事就步伐愈鬆懈，結構愈不乾淨利落，漏洞也愈大。中世紀哲學家講思想方法，提出過一條削繁求簡的原則，就是傳稱的"奥卡姆的剃刀"（Oc-cam's razor）。對於故事的橫生枝節，這個原則也用得上。和尚們只有削髮的剃刀，在講故事時都缺乏"奥卡姆的剃刀"。

希羅多德寫的是歷史，有傳真記實的職責。他對真實性的概念，當然遠不如後世歷史家那樣謹嚴。但是他對神話、傳説等已抱有批判態度，並不一概採用，正像咱們的司馬遷在上古"軼事"裏，衹"擇其言尤雅者"，才寫入《太史公書》⑬。希羅多德寫到埃及王定下美人計，使親生女兒淪爲犯罪分子不花錢來嫖的娼妓，也覺得這事太荒唐離奇，一般讀者準以爲不可能，因而不足信。照顧普通人的常情常識，同時維護歷史家的職業道德，他特意插進一句話："如是云云，我斯未信。"既把它大書特書，又自表不輕信全信，彷彿又做巫婆又做鬼，跟兔子逃跑而也和獵狗追趕。這樣一來，兩面都顧全了。這個修辭上的策略可以表現爲各種方式，從《莊子・齊物論》"予嘗爲汝妄言之，汝以妄聽之"，到現代英美流行語："信不信由你!"（Believe it or not!）⑭文藝作品裏的情事原是烏有子虛，但作者講到常情常識不易接受的事，也往往採取同樣手法，向讀者打招呼，爲自己卸責任⑮。就從邦戴羅的同世紀本國人傑作裏舉一個例，差不多是希羅多德那句話的翻版。阿里奧斯托（Ariosto）敍事詩的女主角（Angelica）告訴人説，自己雖然和男主角（Orlando）多年一起漫遊，依然是個黃花閨女（E che'l fior virginal cosí avea salvo，/Come se lo portò del materno alvo）；作者於是插話道："這也許是事實，然而頭腦清醒的人不會相信。"（Forse era ver，ma non però credibile/A chi del senso suo forse signore）⑯邦戴羅大大充實了原有故事的内容，增添了人物的内心活動和對話，周密地補加細節，例如剝去屍身衣服、酒裏下蒙汗藥，還裁減一些曲折，省得故事拐彎、走冤枉路，例如兵士喝酒序幕的簡化。他對國王的美人計，準也覺得豈有此理、或無其事，需要照顧常情常識，向讀者打個招呼，所以他強調國王的"不恤丟臉"、"不擇手段"、"昏君的荒唐意願"。歸根結底，這是出於作者的一種客觀真實感、一種對事物可能性的限度感。作者沒有這個感覺，就不會想到那種需要。在某一意義上，這個感覺對作者的自由想像是牽制，是束縛，正如文娛和體育遊戲的規則拘束了下棋者或足球運動員的手腳。然而即使在滿紙荒唐言的神怪故事裏，真實事物感也是很需要的成分；"虛幻的花園裏有真實的癩哈蟆"（imaginary gardens with real toads in them）⑰，虛幻的癩哈蟆處在真實的花園裏，相反相成，纔添趣味。絕對唯心論也得假設客體的"非我"，使主體的"我"遭遇抗拒（Anstoss）而激發創造力，也得承認客觀"必然性"，使主動性"自由"具有意義和價值。這是同樣的道理。佛講故事時，常常缺少些故事裏需要的真實事物感，《舅甥經》也是一例。也許我們不應該對佛這樣責望，因爲他並沒有自命爲小説家、歷史家或傳記家。

註

①　《碎金集》（*Fragmente*）4 部 17 節，米諾（J. Minor）編《諾法利斯集》（*Schriften*）（1923）第 3 册 6 頁。

②　《查理九世王朝紀事》（*Chronique du règne de Charles IX*）《自序》，梅里美《小説與故事集》（*Romans et nouvelles*），《七星（la Pléiade）叢書》本 31 頁。

③　參看柏林（I. Berlin）《歷史的必然性》（*Historical Inevitability*）（1945）5-8 頁。

④　希羅多德《史記》第 2 卷 121 章，戈德來（A. D. Godley）

英譯,《羅卜（Loeb）古典叢書》本第 1 冊 415－423 頁。

⑤　《歌謠集》（*Romancero*）第 1 卷《故事詩》（*Historien*）1 首,海涅《詩文書信合集》（*Werke und Briefe*）（東柏林版,1961）第 2 冊7－10 頁,自註見181－182 頁。

⑥　弗洛拉（F. Flora）語,轉引自羅索（L. Russo）編《文學批評論文選》（*Antologia della critica letteraria*）（修訂二版,1958）第 2 冊 207 頁。

⑦　參看《管錐編》論《史記會註考證》第三九則"桀犬吠堯"條腳註（547頁）、論《全上古三代秦漢三國六朝文》第一八則"銖稱寸度"、第八九則"陳古刺今""遂似顛如狂也"腳註（1726 頁）,第二一〇則"於意大利古小説中"條增訂、第二五七則則末。

⑧　布洛紐利果（G. Brognoligo）編《邦戴羅小説集》（*Le Novelle*）（修訂 2 版,1928）第 1 卷 25 篇,第 1 冊334－343 頁。

⑨　《十日談》的第一部仿作、佛羅倫薩人約翰牧師（Ser Giovanni Fiorentine）的《公羊集》（*Il Pecorone*）第九日第一篇威尼斯建築匠父子的遭遇,也根據希羅多德,但情節添改得很多。關於這個故事在希、意、法、英作品中的傳佈,英語裏很早的西洋小説史、約翰·鄧洛普（John Dunlop）《小説史》（*The History of Fiction*）（1814）就有考論。柯爾律治（Coleridge）曾臭罵這本書,稱作者爲"文評直腸裏鑽出來的蛆蟲"（a worm from the Rectum of Edinburghian Criticism）——《書信全集》（*Collected Letters*）,格里格士（E. L. Griggs）編本（1956－71）第 4 冊 647－648 頁。然而鄧洛普的開路功績是不容低估的。我的一本是 1845 年 4 版,亡友鄭西諦先生所贈,有關這個故事的一節見 250－251 頁。

⑩　《小説集》第 1 卷 40 篇,第 2 冊 83－100 頁。

⑪　參看《君主論》（*Il Principe*）8 章,《讀古史論》（*Discorsi*）3 卷 40 章,《加斯脱拉加尼傳》（*Vita di Castruccio Castracani*）7 章,《佛羅倫薩史》（*Historie fiorentine*）6 卷 17 章——龐方提尼（M. Bonfantini）編《馬基雅弗利集》（*Opere*）,《理却地（Riccardo Ricciardi)意大利文學叢書》本 28-31 頁，409 頁，555 頁，843 頁。斐爾丁《大偉人華爾德傳》（*Jonathan Wild the Great*）第 4 卷 15 章裏那十五句格言可算是這種理論的提綱。

⑫　加爾維諾（Italo Calvino）編選《意大利民間故事》（*Italian Folktales*）17 則、193 則，馬丁（G. Martin）英譯本（1980）51-52 頁、689-690 頁；參看 719 頁、756 頁自註。

⑬　希羅多德在《史記》12 卷 152 章裏説得更明白："有聞必録，吾事也；有聞必信，非吾事也。斯言也，蔽吾全書可也"（For myself，though it be my business to set down that which is told me，to believe it is none at all of my business；let that satying hold good for the whole of history.—*Op. cit.*，vol. IV, p. 463；cf. vol. II, pp. 225, 307, vol. IV, p. 123）。參看考林沃德（R. G. Collingwood）《史的觀念》（*The Idea of History*）（1946）18-19 頁説希羅多德的書名在希臘語裏就有"考究探討"（investigation or inquiry）的意思；又《管錐編》論《史記會注考證》第二則。

⑭　參看巴德列治（E. Partridge）《口頭語詞典》（*A Dictionary of Catch Phrases*）（1977）22 頁。

⑮　參看《管錐編》論《太平廣記》第一九六則"語怪而言理所必無"、論《全上古三代秦漢三國六朝文》第六八則、第一七一則"詞章中之時代錯亂"。

⑯　《奧蘭都的瘋狂》（*Orlando furioso*）第 1 篇 55 節，《歐伯利（Hoepli）經典叢書》本 6 頁；參看第 19 篇 33 節又第 31 篇 61 節，194 又 335 頁。先於阿里奧斯托的博亞爾多（Boiardo）在他的敍事長詩裏，寫奧蘭都是位"魯男子"，曾和美女（Leodilla）露宿荒野，"一宵無話"，美女很失望，作者於是插話道："據説這位伯爵一輩子是童身，你信不信聽便。"（Turpino affirma che il conte de Brava/Fo ne la vita sua vergine e casto./Credete voi che vi piace ormai）——《奧蘭都的戀愛》（*Orlando innamorato*）第 1 卷 24 章 14-17 節，加桑諦（Garzanti）版第 1 册 444 頁；參看同卷 25 章 39 節、29 章 48 節，又第 2 卷 4 章

11 節，466、537 又 606 頁。斯賓塞（Edmund Spenser）的長篇敍事詩也寫過一位英雄和兩個美人（Aemylia, Amoret）野宿，作者馬上慨歎世風日下，人心不古，出面保證說，古代人都非常老實和貞潔，律己克慾，決不幹傷風壞紀的事（antique age. … did live. … / In simple truth and blameless chastitie. / … / And each unto his lust did make a lawe, / From all forbidden things hi liking to withdrawe）——《仙后》（*Faerie Queene*）第 4 篇 8 章 30 節，司密斯（J. C. Smith）編本，牛津版第 2 冊 101 頁。這都是出於可能性限度感的卸責任或打招呼。

⑰　瑪麗安·摩爾（Marianne Moore）《詩》（*Poetry*），摩爾（G. Moore）編《企鵝本美國詩選》（*The Penguin Book of American Verse*）（1979）346 頁。

《也是集》原序

李國强先生要我自編一本文集，交給他出版。我很爲難；幾十年前的舊作都不值得收拾，近幾年新寫的又太少，一時上也增多不起來。馬力先生出了個主意，費了些勞動，拼湊成這本小書。它與其説是我的成果，不如説是這兩位朋友的美意的標誌。錢曾的“也是園”以藏書著名，我不避頂冒我那本家牌子的嫌疑，取名《也是集》，也算是一部文集吧。

我寫這些束西時，承馬蓉女士、欒貴明、董衡巽、薛鴻時、鄭土生四先生不辭煩瑣，經常爲我查核資料，敬致感謝。

一九八三年六月

［我後來發現清初人寫過一部著作，也題名《也是集》。吳慶坻《蕉廊脞録》卷五：“江陰李本（天根）《爝火録》三十二卷，乾隆十三年六月自序，記福、潞、唐、桂、魯諸王、臺灣鄭氏、三藩事。引用書目，附録於左：……《也是集》，自非逸叟。……”即使有一天那部著作找到而能流傳，世界雖然據説愈來愈縮小，想還未必容不下兩本同名的書。一九八四年三月附識。］

《舊文四篇》原序

　　我在發表過的文章裏，選了四篇，合成這個小集。第一篇登載在《開明書店二十週年紀念文集》裏，第二、三篇登載在《文學評論》裏，第四篇登載在《文學研究集刊》裏——這兩個都是社會科學院文學研究所的刊物。第一篇寫於三十年前，第四篇的寫作時期最近，也去今十五年了。這次編集時，我對各篇或多或少地作了修改，第一篇的改動最多，但是主要論點都還沒有變換。它們仍然是舊作，正像舊傢俱鋪子裏的桌椅牀櫃等等，儘管經過一番修繕洗刷以至油漆，算不得新東西的。

　　這本貧薄的小書的編選，是出於魏同賢同志的建議。欒貴明、馬蓉兩同志爲我查對了一部分中文引文，施咸榮、朱虹、董衡巽三同志爲我查對了一部分外文引文，使我減少了些錯誤。一併致謝。

一九七八年十月

重排後記

　　《七綴集》是"全部《舊文四篇》和半部《也是集》的合併"，一九八五年由上海古籍出版社出版，一九九四年由該社出版了最後的修訂本。其間，臺灣書林出版公司的《錢鍾書作品集》和花城出版社的《錢鍾書論學文選》，均收錄了《七綴集》，作者於其中有所增補修訂。三聯初版《錢鍾書集》（二〇〇一年版）中的《七綴集》以上海古籍版一九九四年作者的最後定本爲底本，但鑒於該版本未採用《錢鍾書論學文選》中《七綴集》裏的部分增訂內容，爲了儘量保全作者的著述，經楊絳先生同意，我們在此次重排再版時增補了這部分內容，並用仿宋體字標出。特此說明。

生活·讀書·新知 三聯書店

二〇〇七年八月